解讀易經的奧祕——系列——十二

道德是最佳信仰。

風靡中國十億人口
知名大師
曾仕強
教授◎著述

國家圖書館出版品預行編目(CIP)資料

解讀易經的奧祕. 卷十二, 道德是最佳信仰 /
曾仕強 著述. 陳祈廷 編著. -- 初版. --
臺北市：曾仕強文化出版, 2022.03
面； 公分
ISBN 978-986-98758-1-3（平裝）
1.易經 2.研究考訂
121.17 110022543

解讀易經的奧祕・卷12

道德是最佳信仰

作　　者　曾仕強
發 行 人　廖秀玲
編　　著　陳祈廷
總 編 輯　陳祈廷
發行企劃　李養信
行銷企劃　邱俊清
主　　編　林雅慧
編　　輯　李秉翰
出 版 者　曾仕強文化事業有限公司
地　　址　台北市中正區重慶南路一段57號8樓之14
服務專線　＋886-2-2361-1379　＋886-2-2312-0050
服務傳真　＋886-2-2375-2763
版　　次　2022年3月一刷
I S B N　978-986-98758-1-3
定　　價　新台幣550元

#【作者簡介】

曾仕強 教授

英國萊斯特大學管理哲學博士、台灣交通大學教授、興國管理學院首任校長、台灣師範大學教授、人類自救協會創會理事長、新人類文明文教基金會榮譽董事長。

曾教授學貫古今，數十年來醉心於中華文化和西方現代管理哲學之研究，在國學、企管、哲學、教育等諸多領域上，皆有極高深的造詣。三十年前，世界五百強企業尚無中國企業能躋身其間，曾教授便已洞察趨勢，率先提倡「中國式管理」學說，被譽為「中國式管理之父」。迄今，曾教授已巡迴全球，完成逾五千場以上之演講，為臺灣生產力中心調查「最受企業界歡迎的十大講師」之一。

近年來，曾教授應大陸中央電視台邀請，至「百家講壇」欄目，主講「經營之神胡雪巖的啟示」、「易經與人生」等主題，收視率勇奪全國之冠；二〇〇九年主講「易經的奧祕」系列；二〇一一～二〇一二年主講「易經的智慧」、「點評三國演義」；二〇一二年主講「道德經的奧祕」、「道德經的玄妙」，內容風靡全中國，不僅掀起一股國學復興浪潮，更被評選為第一名的國學大師。

曾教授著作有：《易經的占卜功能》、《易經的乾坤大門》、《人人都不了了之》、《易經的中道思維》、《中國式管理》、《總裁魅力學》、《樂天知命的無憂人生》、《修己安人的領導魅力》、《為官之道》、《道德經的奧祕》……等數十本，其中《易經的奧祕》一書銷售量已突破五百萬冊，高居台灣與大陸各大書店文史哲類暢銷排行榜總冠軍。

前言——代序

原始人類處於洪荒世界，對自然現象並不理解。由於驚奇、恐懼，逐漸感覺到這是一股看不見、摸不著、也無法明白的力量。有了語言以後，對於風吹、草動、打雷、下雨等現象，更視之為難以捉摸的無形力量。特別是原始人類總以為「做夢」是真實的，好像實存的活動般。後來經過不斷地討論，才知道原來這只是睡眠中的現象。當時的人，並不明白這是大腦意識聯想的結果，總認為是在自己的肉體裡，另外存在著一個虛幻的「靈魂」，而且會趁著睡覺的時候，偷偷地跑出身體外，做出一些事情。由於當時思想不發達，所以原始人類少用「心」而多用「靈」，創造出了許多神話，成為文學和哲學的根源。

從「靈魂」發展到「神」，似乎是人類共同的歷程。但是，各民族的看法，卻顯然存有差別。大致來說，西方人走的是「神造人」途徑，認為神是宇宙間最高的唯一尊神，無所不在、無所不知，更無所不能。後來，人類因罪而背棄了造主尊神、迷失尊神的觀念，只遺留了掌握禍福的神，漸漸把自然現象，當做禍福之神，這才產生了初民的多種不同信仰，崇拜各色各樣的神祇。禍福既然是操控在神的掌握中，那麼，代表神意的人，便掌握了賞福懲禍的權力。於是神權時期，便應運而生。

中華民族，並沒有經歷神權時期。我們直接從君王治理開始，必須歸功於伏羲氏的一畫開天，把我們帶到「人造神」的路線。西方的神，被人推為宗教。因為靈魂變成神，便超出於人之上，成為人以外的神，可以產生人類及萬物。神創造世界，信神的人創造宗教，來尊崇神。我們的神，既然是人造出來的，由人推廣到一切事物上面，便出現人形或半人半獸的外貌，力量比人強大許多，能夠保祐或懲罰人類，大家尊稱為「神」。《禮記・祭法篇》記載：「山林、川谷、丘陵，能出雲為風雨，見怪物，皆曰神。」我們只有人透過神來實施教化，稱為「神道設教」，並沒有神統治人的「神權時期」，所以不應該把西方的路子，硬套在我們的歷史上。伏羲氏一畫開天，從殷墟所掘出的甲骨，以及《書經》、《詩經》的遺跡之中，可以看出炎黃子孫最尊崇的是「天」。一直到現代，即使再年輕的人，都會自然而然地，脫口而出：「老天」、「天哪」！甚至於和「上帝」前後交互使用，可見「天」即「上帝」，而「上帝」也就是「天」。自秦始皇稱帝以後，「帝」變成皇帝的專用尊稱，我們便習慣於尊天敬神，把所有的神，都和人一樣，納入了天的管轄範圍內。人和神都應該敬天、順天。人和神不但和諧共處，而且在天的指引之下，互助互惠。《禮記・祭法篇》說得十分清楚：「大凡生於天地之間者，皆曰命；其萬物死，皆曰折；人死，曰鬼。」能夠生存於天地之間的，都有命。沒有命，就生存不了。我們稱為有生命的東西，當然有命。這其中，除了人死為「鬼」之外，其它萬物的消逝都稱為「折」。把花折下來，花的生命很快就結束了。「鬼」和「歸」同音，人死表示回老家，所以稱為「鬼」。自古以來，我們對世間萬事萬物，都是秉持著伏羲路線，以自然為師、向自然學習，並且樣樣都以自然為標準，來衡量其可信與否。我們沒有像西方人那樣，把神發展為宗教。有信仰，但沒有宗教，實在是中華文化最為神奇的特色。

什麼叫「信仰」？就是「相信」和「敬仰」。既相信又敬仰，就會產生信仰。由於信仰一旦堅定，很可能會產生十分強大的力量，對我們的言行及價值判斷，具有重大的影響力，務必特別慎重。因為不正當的信仰，實在是禍患無窮！

信仰的對象，並不限於宗教。人不一定非信仰宗教不可，也可以信仰某種學說或特定人物。

孔子一生始終保持著非常謙虛的態度，並沒有要求大家信仰他。《論語・憲問篇》記載孔子自述：「君子道者三，我無能焉：仁者不憂，知者不惑，勇者不懼。」他自謙君子具有三種德性，但是他一種也不具備。然而，大多數人都會讚美孔子的自謙，認為這實在是夫子自道，分明就是在說他自己。

由此觀之，信仰絕對不是自吹自擂的結果，更不是自我推銷，或透過威脅、利誘、恐嚇等不正當手段所能夠建立的。信仰必須發自內心，只有自發的，才是真正的信仰。

伏羲氏的貢獻，使我們信仰自然，認為人既然是自然的一分子，當然應該取法自然、不違反自然法則。凡事順乎自然，可以獲得天人之間的和諧，共同生存與發展。

孔子最偉大的貢獻，是在伏羲氏一畫開天、周文王為六十四卦寫卦辭與爻辭之後，看到人間的紊亂、人心的不安，以及治理的不妥，決心把人類的信仰，建立在道德之上。以道德為基礎、順應自然，方為人類的幸福之道。

實際上，所有的宗教，在神的信仰當中，都含有倫理道德的成份。宗教信仰以勸人為善為主，應該毫無疑問，所不同的是，孔子並未採取宗教途徑。他上承伏羲、文王的路線，在自然哲學之外，輔之以人倫道德。我們說孔子的〈易傳〉，有如十隻翅膀，使《易經》能夠展翅飛翔，便是這個道理。

孔子認為人固然是自然的一分子，但是在萬物之中，人類是唯一具有創造力和自主性的動物。我們除了本性、本能之外，經由後天的學習和創造，可以弄出很多名堂、變出很多花樣，倘若缺乏道德規範，不能自我約束，遲早會破壞自然、為害人間，遠比那些鬼怪更為可怕！

周武王說：「人為萬物之靈。」孔子認為君子應該敬畏天命，也必須提高道德修養。他一方面主張「獲罪於天，無所禱也」，一方面則倡導「自天祐之，吉无不利」，以天助己助者，來勉勵大眾自律自覺。他建議大家「敬鬼神而遠之」，自己先奮發有為，盡全力之後才能夠聽天命。孟子則更進一步，直接指出人的責任，是上天降下來的，所以《孟子．告子篇》記載：「天將降大任於是人也，必先苦其心志，勞其筋骨，餓其體膚，空乏其身，行拂亂其所為，所以動心忍性，增益其所不能。」孟子把道德修養視為人的責任，而且是由天所降，只有準備承擔重責大任的人，才有資格領受。他這樣的睿智和氣魄，無怪乎能繼至聖先師孔子之後，被炎黃子孫尊為亞聖。古聖先賢，因而再接再厲，使倫理道德，成為了中華民族的共同信仰。

至此，炎黃子孫對天的信仰，終於能夠具體落實於日常生活所表現出的道德之中，使中國成為舉世聞名的禮義之邦。

由於風水輪流轉，既濟之中有未濟，未濟之中也有既濟。我們的國力，有盛也有衰。禮義之邦，難免有禮失求諸野、義失人心亂的缺憾。現代中華民族，竟然輕道德而重法律，只敢寄望於法治，對禮治、德治喪失信心。如何正本清源，藉由易學的發揚，來重振我們追求道德、重視禮義的精神，應該是炎黃子孫的當務之急。

什麼叫做「道德」？「道」和「德」，原本並不連用，各有不同的意義。

「道」的本義，是指行走的道路；「德」的本義，則是行走道路所獲得的良好效果。「道德」合在一起，告訴我們：「行於正道而有所得，即為道德；行道才能有德，離開了道，便不可能有德。」

「道」更深層的內涵是什麼？那就是「一陰一陽之謂道」。人類的所有學問，實際上都包含在內，迄今尚無例外。和平發展是人類共同的唯一大道，各民族間存有小異，並不妨礙大同世界的運行。一本萬殊，卻能夠殊途同歸，豈不神妙！

我們尊重所有的宗教，並且肯定只要是正教，必然重視人倫道德的發揚。我們不排斥任何宗教，因為易道廣大包容，大道足以承載所有的宗教。但無論如何，道德應該是人類最佳的信仰。人人重道德、個個憑良心。宗教之間不應該互相攻擊、彼此惡性競爭，這才是真正的宗教自由。我們將從〈易傳〉的道德哲學，來探討易學的道德信仰。敬請各界先進朋友，多加賜教是盼。

曾仕強 謹識於台灣師範大學

編者序

「天人合一」是中國哲學思想中重要的一環。中國人相信人源自於天，所以天和人能夠互相感應。人俯仰於天地之間，頂天而立地，在充滿萬物的世界中，自當扮演萬物之靈的角色，贊助天地從事化育工作的重責大任，使宇宙能生生不息、愈加美善……這是源自伏羲、文武周公、孔孟先賢一脈傳承下來的理念。

對此，曾教授也在書中提出更進一步的解釋。教授表示，在「天道」和「地道」之間，尚需「人道」加以串連。「王」字三橫一豎：三橫由下而上，分別代表地道、人道和天道；而當中筆直的一豎，便代表人的努力，能夠把三者貫串起來，使其一以貫之。在這種狀態下所產生的力量，若用一點來表示，那麼「王」字就成為「主」字，表示可以做自己言行的主宰。換言之，這種主宰的力量，正是來自於天道、地道的自然，以及人道的道德。人生在世，一方面要遵守自然規律，一方面要加強人倫道德。自然規律加上人倫道德，便成為我們共同的信仰。

可惜的是，現代人的路愈走愈偏，重知識而輕道德，即使科技高度發達，但所面臨的危機也是空前未有！氣候異常、天災地變不斷……顯示地球已經失去自我修復的能力，這是人類無法逃避的問題，而我們又該如何自救呢？此時建議大家不妨回歸源頭，從「天人合一」的理念中，找尋合理有效的解決途徑——因為天和人是對應的，想要挽救地球，就必須先從人類做起。唯有人類先培養道德修養，恢復自我修復能力，在天人交感互動下，地球才可能恢復自我修復能力。也就是說：人類必先自救，然後才能救地球！

本書中，曾教授藉由「明夷、晉、同人、大有」這四卦，闡明道德(明夷卦)與教育(晉卦)乃一體兩面的道理；彼此互助(同人卦)與共同分享(大有卦)，則是邁向大同世界的康莊大道。若是能夠認真思考其中的道理，並據此進德修業、身體力行，由親而疏、擴大影響力，使人人都能將道德奉為最佳信仰、共創互助分享的合諧社會，相信世界大同的理想必有實現之日。

曾仕強文化總編輯　陳祈廷

目錄

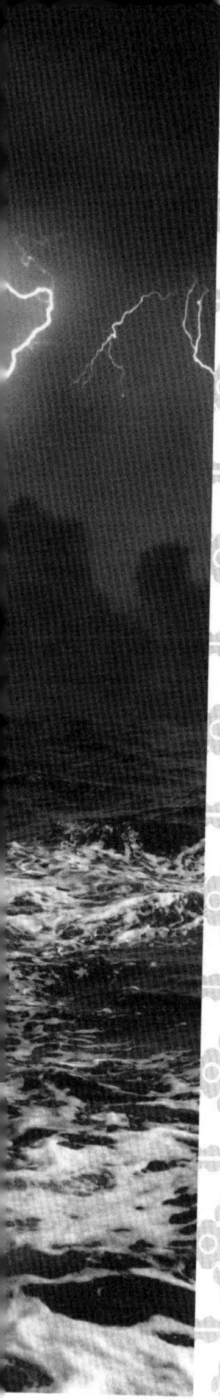

《第一章》

請問
宇宙是如何生成？

人居住、生活在宇宙之中，
對宇宙、人生充滿了好奇和疑惑。

宇宙是怎樣生成的？人從哪裡來？
這些問題，我們遲早會加以關注。

關於宇宙如何生成，有許多種說法，
即使科學發達，迄今卻難有肯定的答案。

可見有很多問題，科學仍然無法解答，
人類知識有限，最好是以謙虛的態度求進步。

宇宙、人生都是自然的產物，
依循自然的法則來推論比較合理。

天地之大德曰生，一切都是生出來的，
只有人類的道德比較特殊，是天降下來的！

一、宇宙的生成有很多說法

上下四方的空間，稱為「宇」；古往今來的時間，叫做「宙」。「宇宙」是天地萬物的總稱，由無限的空間和無窮的時間，以及萬事萬物所構成。我們常說的世界，也就是宇宙。關於宇宙如何生成，主要有「創造說」、「進化說」、「巨爆說」、「波動說」等主張，茲分別簡要說明如下：

1. 創造說：認為宇宙有一位至高的神，依其自由意志，把宇宙創造出來。但是，也有一種主張，認為世界雖然由神而來，神卻不創造世界。因為創造含有意志或意識成分，而神是超越的，不能說祂具有意志或意識。所以神是萬有的根源，流溢出萬物，好比太陽普照萬物一樣。

2. 進化說：認為萬物的變化，是前進的、發展的，有推陳出新的作用，並不限於往復循環，而且也不是神造。同樣主張進化論，但是在進化方式的探討上，還是有很多爭論。

3. 巨爆說：認為廣大的宇宙原本聚集在一起，是一種原始物質的超原子，溫度極高，以致產生巨爆而四散飛奔，進而形成各種化學分子、星球和銀河系，成為今日的宇宙，並且不斷地擴張，而星系間的距離也會愈來愈大。

4. 波動說：認為宇宙在若干億年以前，確有巨大爆炸發生，並形成各種星系。但是宇宙的擴張，可能只是暫時的現象，並不會持續。因為經過一大段時間之後，會有收縮的變化。宇宙一張一縮，永遠循環不息。

雖然現代科學發達，但對於宇宙如何生成的問題，仍然停留在推測的階段，難以下定論。每一種說法，都有相當的道理，也都尚待進一步的研究。

宇宙如何生成？

- **創造說**
  - 宇宙有一位至高無上的主宰神，
  - 依其自由意志，把宇宙創造出來。
- **進化說**
  - 萬物的變化，是前進的、發展的，
  - 有推陳出新的作用，是進化而成。
- **巨爆說**
  - 廣大的宇宙原本聚集在一起，溫度極高，
  - 發生巨爆後四散飛奔，因而造成萬物。
- **波動說**
  - 宇宙一張一縮，永遠循環不息，
  - 爆炸、擴大之後，會再凝結與再爆炸。

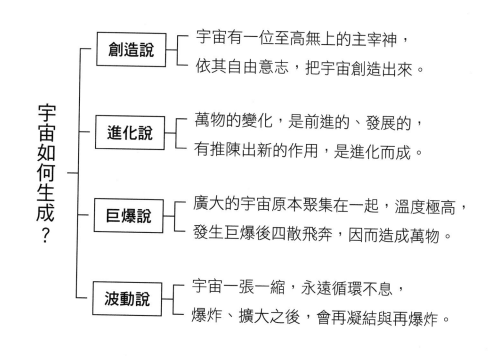

二、易傳說天地之大德曰生

〈繫辭上傳〉說：「是故易有太極，是生兩儀，兩儀生四象，四象生八卦，八卦定吉凶，吉凶生大業。」太極指陰陽未分、天地渾沌的狀態。宇宙萬物，以太極為共同的源頭。「儀」為儀容，「兩儀」指陰儀和陽儀，代表太極所內涵的陰陽分離之後，所呈現出來的兩種儀容。太極陰陽分離而生出天地，「四象」則可以用四時來代表，意即有了天地之後，便產生四時的交替運行，因此產生象徵天、地、水、火、風、雷、山、澤的八卦。宇宙萬象，都可以由此判定吉凶，人們懂得趨吉避凶，便能夠產生各種偉大的事業。這當中，「生」是最為主要的關鍵，所以說「生生之謂易」，而「天地之大德即為生」。

老子在這一方面，發揮得十分精到。他認為「道生一，一生二，二生三，三生萬物。」把原本持續而不可分割的「生生」歷程，劃分為幾個具體的概念，使大家更容易瞭解。「道生一」，表示太極生兩儀、兩儀生四象、四象生八卦，並不是人為的，也不是神創的，而是自然而然（本來就這樣）的自然之道；「一生二」即太極生兩儀；「二生三」，是兩儀（陰、陽）的交易互動；這樣一來，便能夠「三生萬物」，變化無窮。當然，「一生二」可以包含創造說和巨爆說，而「二生三」便是進化說和波動說。宇宙萬物，不可能樣樣要創造，也不可能一開始就進化。「一生二」，太極動而生天地；「二生三」，天地陰陽交易互動，使陰陽產生具體的作用；於是「三生萬物」，其中有創造也有進化。不論是「能」或是「波」，實際上都是「生」的動力。生生不息，才是大德。

天地之大德曰生

- 易有太極，是生兩儀，兩儀生四象，四象生八卦。
  生是最主要的關鍵，生生不息才叫易道。
- 道生一，一生二，二生三，三生萬物。
  一切都是生出來的。
- 不論是「能」或是「波」，
  實際上都是生的動力。
- 生生不息，
  才是大德。

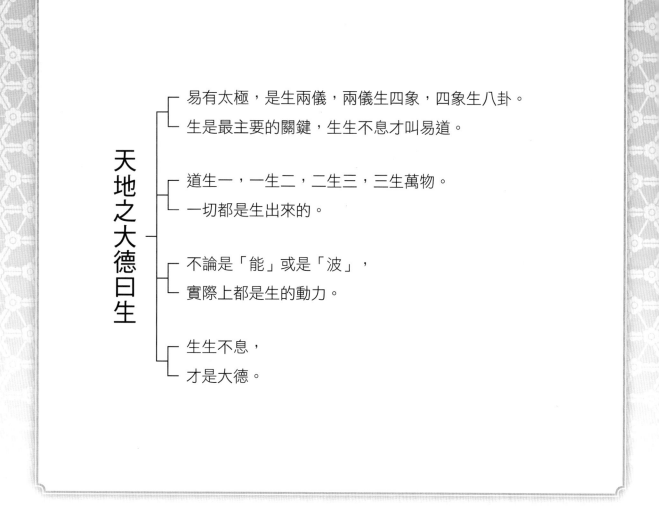

三、宇宙為一之多元有機體

宇宙是什麼東西所造成的？從前科學家認為分子很小，小到不能夠再分，於是把宇宙萬物都說成是由分子所造成。後來才知道，分子是由原子所構成，而原子裡面，還有質子、中子、電子等微粒。這三種基本粒子，秉持著求合作的趨勢相結合，形成將近一百種原子；這些原子又結合成為千千萬萬種分子，再進一步結合成為無數的物體。可見分子之內有原子，而原子之內有電子、質子和中子。所以，宇宙可以說是一元的，即萬物由一種最小的單位，稱為原子所構成；也可以說是二元的，即萬物由一種以上的最小單位，也就是質子、中子、電子等粒子所構成。證明易學所言「陰陽二氣變化，因而產生萬物；陰陽二氣合而為一，即是太極」的道理不假，我們把它視為「一之多元論」。把一元論和多元論結合在一起，也合乎「一而二，二而一」的《易經》思維，也就是「說一（太極）又是二（陰、陽），說二（陰、陽）其實便是一（太極）」的道理。

老子講「道」，也說「萬物負陰而抱陽，沖氣以為和」。代表萬物都在陰陽相交所成的狀態中產生，背陰而向陽，且這陰陽兩氣，便是構成宇宙萬物的最基本原質。陰陽兩氣的交易互動，是秉持求合作的趨勢而互相激盪，結果就能創造出新的和諧體。正所謂陰陽適勻而不偏激，即為「和」的狀態。

這種求合作的趨勢，便是「道」的主旨，可以用現代常說的「秩序」來加以理解。宇宙萬物萬象，看似錯綜複雜，實際上有條有理，正是我們常說的「亂中有序」。宇宙是一之多元的有機體，變化無窮，卻能夠萬變而不離其宗，可說是一本萬殊，而又殊途同歸於一。

宇宙是一之多元的有機體

一

多

萬物皆由太極生成，
太極是一，有如原子，
所以天下之動，貞夫一者也。

太極之內含有陰陽兩儀，
好比原子之內有電子、中子、質子。
也可以說是多元。

一之多元

一元之內為多元，一元之外也是多元；
多元之內為一元，多元之外也是一元。

一本萬殊，萬變不離其宗，萬殊歸於一本。

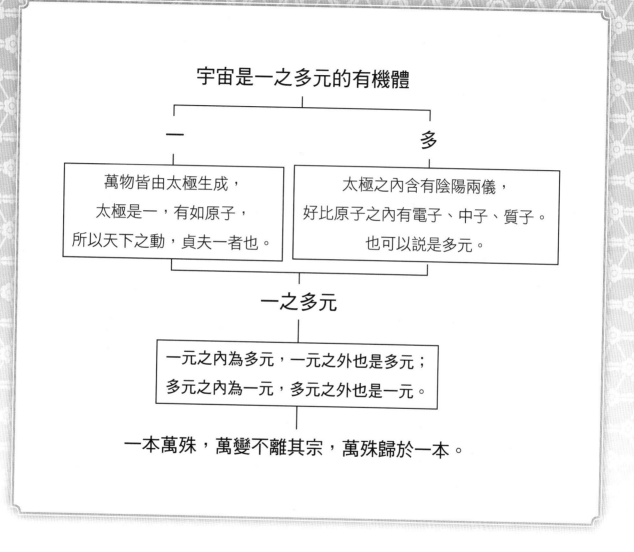

四、太極是宇宙萬象中心點

宇宙是一之多元的有機體，宇宙萬象永遠不停地變動，但是宇宙本身永遠是宇宙，只有一個不變的中心點，即為太極。然後由點延伸成線，由線交織成東西南北的面，再由東西南北配合東南、東北、西南、西北四方四角，合成完整的體。線的兩端稱為兩儀，東南西北便是四象。四正卦（乾、坤、坎、離）加上四隅卦（震、巽、艮、兌），就構成了八卦。八卦相重，化為六十四卦。每卦六爻，六十四卦總共三百八十四爻。再演化下去，六十四乘六十四，計有四千零九十六卦，十四萬七千四百五十六爻，變化無窮。而變化的總原則，卻只有一個，那就是「一陰一陽之謂道」，無論怎麼看、怎麼說，都是如此。

易學的主張是宇宙從太極生出來，並非來自神造。生生不息的狀態，大多是循環的，不必每次都需要創生。所以太極生兩儀之後，能夠既創生又演化，持續地發展開來。

〈繫辭下傳〉記載：「乾、坤，其易之門邪？乾，陽物也；坤，陰物也。陰陽合德而剛柔有體，以體天地之撰，以通神明之德。」乾、坤兩卦，為什麼稱為易的兩扇大門呢？因為「乾」代表陽，為奇數；「坤」代表陰，為偶數。陰陽交合，剛柔才有主體，可以體會出天地生萬物的原理。其中，陰陽合德的「德」字，表示氣勢；天地之撰的「撰」字，則是具備的意思。也就是說，「陰陽交合」是氣勢所產生的作用，「剛柔有體」則是天地化育萬物所具備的功能，而「陽物」和「陰物」，相當於現代人所說的男性和女性的生殖器官。原來，伏羲氏當年是看到自然的人體，才想出陰陽之道的。

宇宙有一個不變的中心點

↓

太極

宇宙由太極而生，並不是神創造的。
人與萬物都是太極生出來的，
從這個角度來看，人人平等，人與萬物也平等。
但是，人受到後天環境的影響，
造成很多不平等，
萬物與人，也變得愈來愈不平等。
這是什麼原因？要如何補救才合理？
值得大家用心想一想。

五・人的責任在贊天地化育

〈序卦傳〉說：「有天地然後萬物生焉，盈天地之間者唯萬物，故受之以屯。屯者，盈也；屯者，物之始生也；物生必蒙，故受之以蒙。蒙者，蒙也，物之穉也。物穉不可不養也，故受之以需。」〈序卦傳〉分析六十四卦編排順序的內在關係，首先指出盤古開天闢地的狀態。「盤古」和「伏羲」同音，不過「盤」讀重唇音，「伏」讀輕唇音；而「古」為重音，「羲」為柔音，讀法不同而已。盤古開天闢地和伏羲一畫開天，應該是同一件大事，用意都在加強人類的責任，那就是一開始便要參贊天地之化育。既然如此，在充滿萬物的世界中，人應當扮演萬物之靈的角色，負起贊助天地從事各種化育工作的重責大任。後來孟子直接點醒我們，這是上天降給人類的大任，說是特別的恩惠也好，把它看成是人類的苦難也罷。人若想成為大人，就必須勇敢地面對現實，接受各種磨練。從母親懷胎十月開始，歷經辛苦，又甘冒生產的危難，才使嬰孩呱呱墜地。所以不論男女，啼哭之餘，都應該對父母孝敬；接受家庭教育、打好基礎，以備將來拜師學藝，習得一技之長；並且終生學習，務求去蒙昧而趨於聰明。有了知識和技能，我們自然會產生若干需要。此時端視我們的聰明才智，是不是運用在正確的地方？用得合理，大家都有福；若是用的方面偏差、方法錯誤、或者方式有問題，大家便跟著遭殃。現代人知識普及、科技發達，加以設備周全、工具精良，又有網際網路的輔助，在合理與否方面，更需要特別謹慎，以免聰明反被聰明誤、濫用科技以害人。

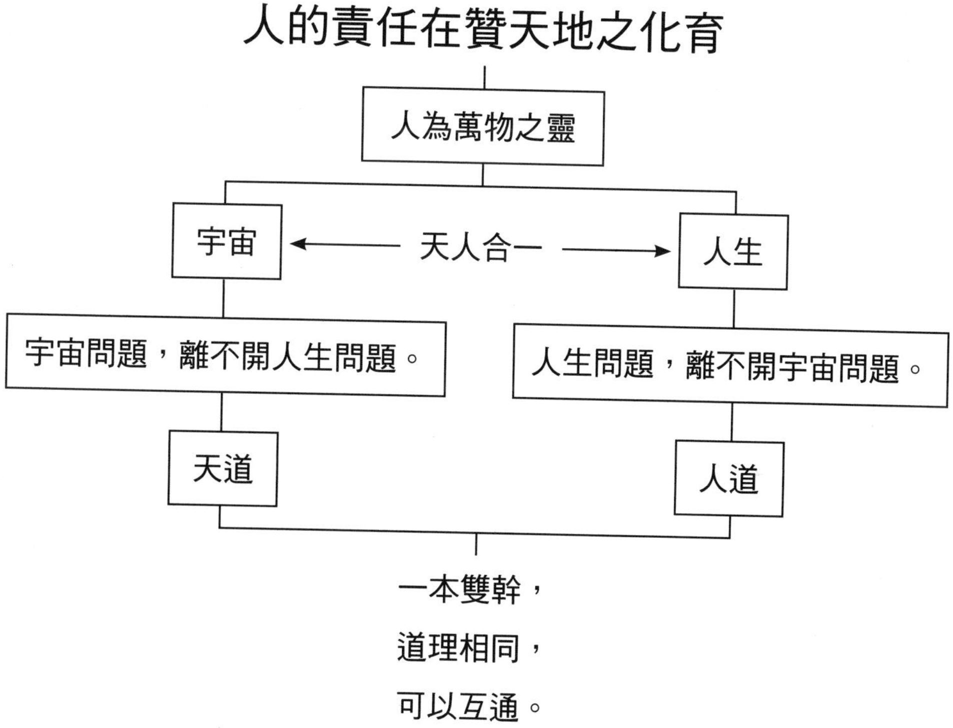
人的責任在贊天地之化育
人為萬物之靈
宇宙
天人合一
人生
宇宙問題，離不開人生問題。
人生問題，離不開宇宙問題。
天道
人道
一本雙幹，
道理相同，
可以互通。

六、贊天地化育最需要道德

乾卦〈文言傳〉說：「同聲相應，同氣相求；水流濕，火就燥，雲從龍，風從虎；聖人作而萬物覩。本乎天者親上，本乎地者親下，則各從其類也。」孔子這一番話，是用來解釋乾卦九五爻辭「飛龍在天，利見大人」的。凡是聲音相同，有唱必定有和應；氣質相同，有徵兆必然有應驗。由於自然具有這種聲氣相同的感應，所以水性喜愛低濕，因而水向低處流；火性喜愛乾燥，因而乾燥的東西總是先著火。龍屬於水畜，雲為水氣。龍飛行時，大多有雲氣護身，所以神龍見首不見尾；虎是猛獸，風為震動的氣，虎的吼聲震動山谷，以致虎虎生風。有靈性的動物，能夠和沒有靈性的風雲相感應。聖人所作所為，倘若為萬民所敬仰、愛戴，兩者之間，同樣也會產生良好的感應。根源於天的，都能夠行動；根源於地的，則需要固定。動物得天的氣，頭部向上，和天特別親近；植物得地的氣，根部向下，和地特別接近。各種事物，都依其同類而相從。「聖人」指大人，「萬物」即天下，「聖人作而萬物覩」是這番話的重點。天下人都樂於看到這樣的大人，因而九五爻辭特別指出「利見大人」。

大人的責任，在贊天地之化育；萬物所觀仰的，是大人的品德修養。所以孔子接著說：「夫大人者，與天地合其德。」只有與天地合其德的大人，把天地生萬物的責任，當做自己的責任，又能夠善體天地萬物的自然感應原理，愛己愛人，關心自己也關心別人。依循推己及人的方式，以高尚的道德，來贊天地之化育，才是渡人濟世的大業。

人類最需要道德

聲氣相同的感應	性質相同的感應	品德相同的感應
同聲相應， 同氣相求。 聲音相同， 有唱必和。 氣質相同， 有徵必驗。	性質相同， 互相感應。 水性低濕， 向低處流。 火性乾燥， 乾的易燃。	人與人間， 志同道合。 品德相同， 容易感通。 大人有德， 萬民悅服。

道德修養良好，才能贊助天地的化育。

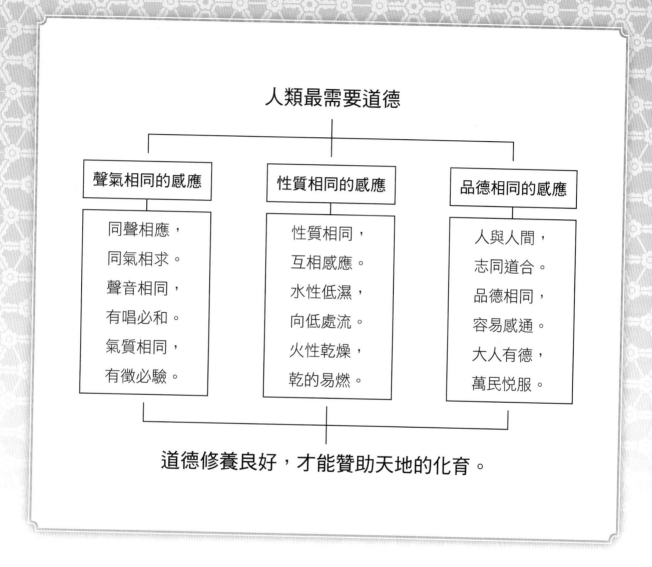

我們的建議

1 易理對天地的造化，最為透徹。六十四卦共有三百八十四爻，便是文王演繹天地萬物的象，依據陰陽、動靜、變化的理則，所組合出來的符號。論卦之外，還透過占筮，使人知所趨吉避凶。人人都可以用，也一直都在用。

2 盤古的「盤」，發重唇音P；伏羲的「伏」，發輕唇音F。盤古的「古」，發重音K；伏羲的「羲」，發柔音SH。伏羲應該是盤古的音變。同一位偉大人物，有不一樣的傳說。

3 宇宙與人生，兩者無從分離。沒有人類，就沒有人生問題，也沒有宇宙問題。然而，有了宇宙問題，便有人生問題。天人合一，從這裡看得更加貼切，更為明白。

4 宇宙無始無終，人生卻有其壽限。如何在自己的有生之年，為無始無終的宇宙，善盡一份短促綿薄的力量，應該是每一個人都應該省思的問題。因為人生的價值，就在於此，而人生的意義，也與此密切相關。

5 我們要善盡「贊天地之化育」的責任，必要的條件，便是提高自己的品德修養。唯有德合天地，才有資格稱為大人。而具體的貢獻，即在贊天地之化育，不可不關切。

6 我們現代所要做的，是重建順乎自然而又高貴的善良世道人心。彼此憑良心，大家和諧相處，互相勉勵。人為萬物之靈，必須善盡「贊天地之化育」的天降任務。

《第二章》

孔子為何說
述而不作？

述而不作，是孔子自謙的說法，
以述為主，真正有必要的時候才作。

孔子最主要的態度，是知之為知之，
倘若有一些不明白的地方，那就不述也不作。

這種敬慎的心態，值得我們學習。
文章千古事，下筆真的要十分用心。

好古是既不復古，也不完全不創新，
在尊古與賤古之間，尋找可行的合理點。

不作是不盲目求新求變地一味創作，
而是從舊的開創出新的，即為溫故而知新。

孔子一生述而不作，非常謹慎，
終於發現道德是人類最佳的共同信仰。

一・述而不作表示有所依據

《論語・述而篇》記載，子曰：「述而不作，信而好古，竊比於我老彭。」「竊比」是私底下比擬，「竊」是謙虛的表示。「老彭」指殷商初期賢大夫，孔子自稱為殷人，所以說私底下自我比擬為鄉長老彭。比擬什麼呢？那就是「述而不作，信而好古」。

「述」是敘述、口述、著述；「作」即寫作、創作、著作。「述而不作」，當然不是只敘述而不敢創作。依據「一陰一陽之謂道」的《易經》思維，我們可以理解為「站在敘述舊的立場，來開創新的」，也就是「繼舊開新」的意思；或者「站在不作的立場來作」，表示「能不作就不作，不能不作時才創作」的最大敬意和誠意。《論語・述而篇》又說，子曰：「蓋有不知而作之者，我無是也。」自己尚且不明白，卻裝做知道而把它創作出來，這種事情孔子是絕對不會做的。「不知而作」，是不負責任的態度；「知而不作」，也是不敢負責任的心態。孔子雖然信而好古，卻不尊古賤今。同樣是「好古敏求」之後，將可以「好」的部分予以保留，而不應該「好」的部分則加以創新。「吾從周」一向是孔子信而好古的表現，但是，「溫故而知新」也是孔子不完全信而好古的態度。總結起來，孔子重視歷史所記載的史實，並且勤加探索、分析、研究，以尋求所以如此的道理。他所有的著述，都是有憑有據，而且十分瞭解，不但要知其然，而且還要知其所以然，之後才敢下筆，以示敬慎。

孔子十分重視「言忠信」，只說自己能做得到的話，所以敏於事而慎於言。努力於「行」，實踐有心得的才敢說、才敢寫，這是述而不作的最佳風範。

述而不作

述

敘述、口述、著述，
都要有依據，不亂説。
不知的不述，
不分古今中外，
只述其應當述的，
不述其不應當述的，
是現代人必需的素養。

不作

寫作、創作、著作，
都要負起應負的責任。
既不尊古，也不蔑古；
既不尊今，也不賤今。
只要是溫故知新，
從舊的開創出新的，
當然可以有所作。

站在不作的立場來作，才不致亂作。

二、好古不是復古應該知新

「好古」的意思，是不認為新的一定比舊的好。「知新」的用意，則是繼舊開新，從溫故知新到合理創新。《論語・八佾篇》記載：「周監於二代，郁郁乎文哉，吾從周。」孔子所尊崇的，並不是夏代和殷代那兩代的制度，因為和當時周代的制度相比，顯然周代比前兩代都好。

《論語・憲問篇》說：「古之學者為己，今之學者為人。」孔子率直地指出，古時的學者是用心在提高自己的品德修養，而孔子當時的學者卻是極力想展現自己的所學。可見他應該尊崇古人的時候，並不會尊今賤古，只要是古勝於今的，他都好古。但是好古並不是復古，因為時代不斷地進步，不可能放棄現有的一切而回到從前。好古是把舊有的美德持續發揚光大，至於現有的新東西，只要是好的也不必放棄。

我們為什麼在這方面再三反覆？主要是因為二十世紀時，我們過分推崇「求新求變」的思潮，而且迄今仍然深信不疑，以致認為新的就是好，而舊的一定不好。顯然在「易有三義」之中，偏向「變易」而忽視「不易」，完全忘記了老子：「知常曰明；不知常，妄作凶。」的警示。一個人要明白「常」（不易）的重要性，才叫做「明」；不瞭解「常」而存心求變易，那就很容易輕舉妄動而出亂子。放眼今日社會，不論個人、家庭、社會，幾乎都淹沒在「新即好」的浪潮中，到處亂變，實在令人擔憂。再這樣下去，「劣幣驅逐良幣」的惡果，恐怕會讓大家承受不了。所以，有很多東西屬於萬古常新，實在不應該有所忽視，才是人類之福。能夠知常而又知變，才是最明智的。

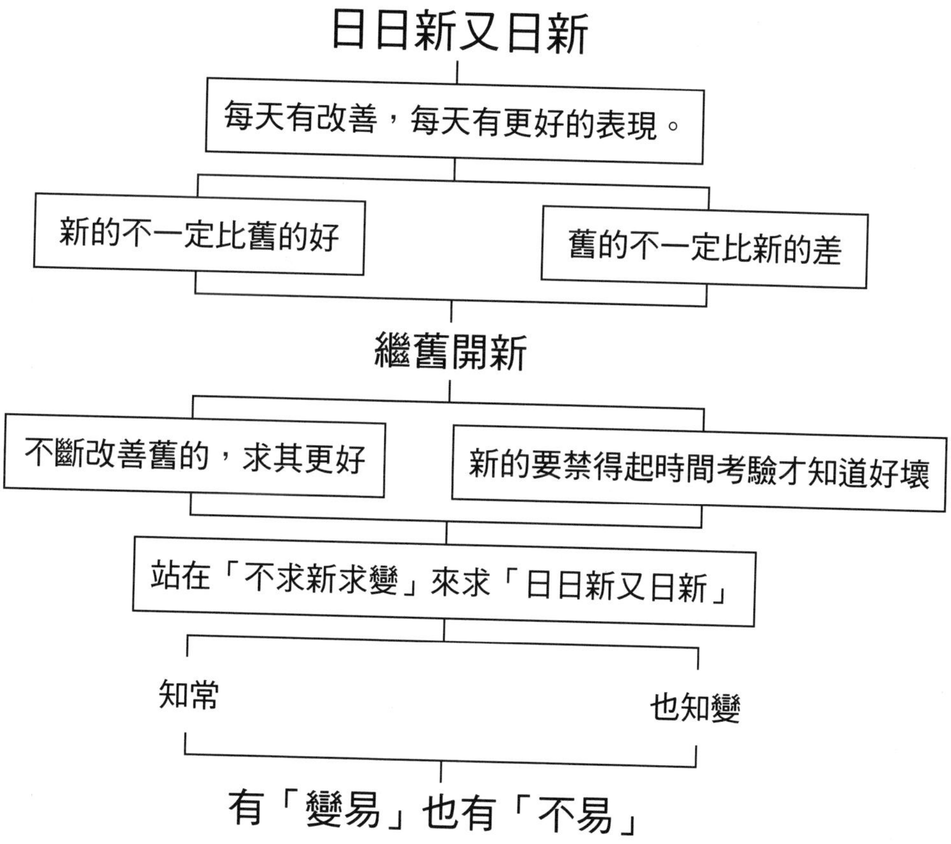
日日新又日新
每天有改善，每天有更好的表現。
新的不一定比舊的好
舊的不一定比新的差
繼舊開新
不斷改善舊的，求其更好
新的要禁得起時間考驗才知道好壞
站在「不求新求變」來求「日日新又日新」
知常
也知變
有「變易」也有「不易」

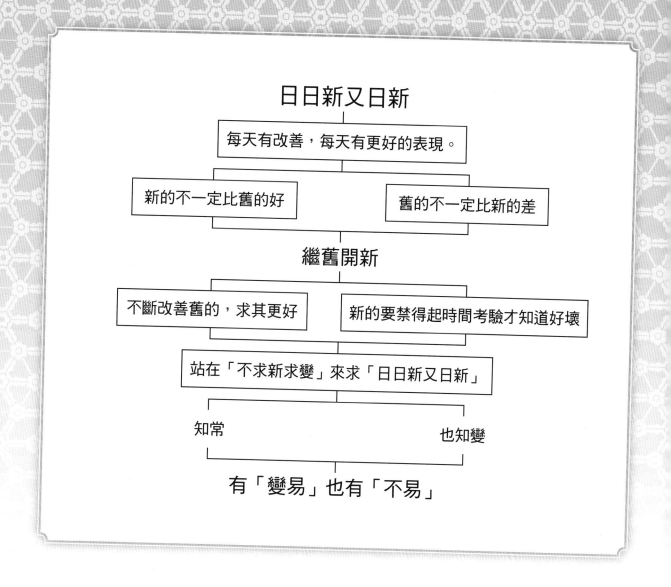

三、待人接物貴在執經達變

〈繫辭下傳〉說：「不可為典要，唯變所適。」孔子先提出一些「典要」，也就是定規，然後要人們隨機合理地應變。譬如他對益卦（䷩）上九爻辭：「莫益之，或擊之。立心勿恆，凶。」提出說明如下：「君子安其身而後動，易其心而後語，定其交而後求，君子修此三者，故全也。危以動，則民不與也；懼以語，則民不應也；無交而求，則民不與也。莫之與，則傷之者至矣。」意思是說：「君子先安定自己，然後才採取行動；先使內心平和，然後才開口說話；先確定交往的關係，然後才適當求助。君子培養這三種美德，因此能夠保全自己，減少損害。倘若危險的時候便冒然行動，百姓就不願意配合；若是恐懼的時候便開口說話，百姓就不會響應；假定沒有把交往的關係弄清楚，便唐突求助，百姓就不會答應益助。只要沒有人益助，損害他的人，就從外部出現了。」孔子所提示的都是典要，大家都應該銘刻在心，但是在應用的時候，還是不可為典要。因為人、地、時、事、物都會有所不同，所以最好做出合理的調適，才能達到預期的功效。我們常說「執經達變」，便是持執這些典要，卻能因時、因地、因人、因事而制宜，才叫做達變。「經」即常，《易經》的卦爻辭，可以視同常則，也就是經常要遵守的定規或典要，但在日常生活中實際運用時，那就不可為典要，也不是求新求變，而是合理地應變。一方面卦爻辭可以為典要，一方面運用時不可為典要，這才合乎「一陰一陽之謂道」。生活的原則不能變，而達成這些原則的方法和方式，則應該隨機應變。也就是說，要有原則地變易，不可以沒有原則地亂變。

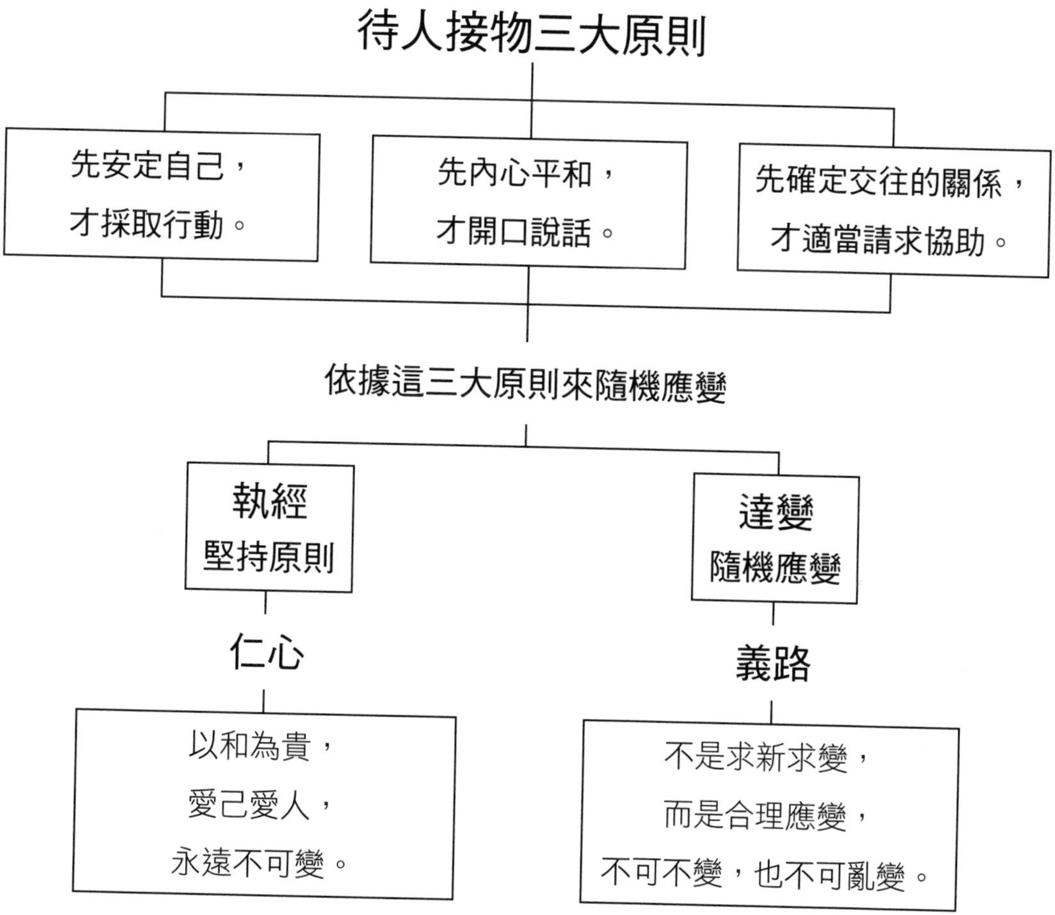
待人接物三大原則
先安定自己，
才採取行動。
先內心平和，
才開口說話。
先確定交往的關係，
才適當請求協助。
依據這三大原則來隨機應變
執經
堅持原則
達變
隨機應變
仁心
義路
以和為貴，
愛己愛人，
永遠不可變。
不是求新求變，
而是合理應變，
不可不變，也不可亂變。

四・人道與天道合一於仁道

《論語・述而篇》記載：「子曰：『天生德於予，桓魋其如予何？』」「予」是孔子自稱，就是「我」的意思。那一年，孔子五十六歲，帶領弟子們來到宋國，在大樹下習禮。宋司馬桓魋要殺孔子，先把樹砍倒，孔子只好離去。弟子建議走快一些，孔子依然從容、安穩的說：「上天給予我德性，桓魋再不高興，又能把我怎麼樣？」孔子認為德是得自上天的，後來孟子說人的責任是天降的，這些都和「天人合一」密切相關。

天的運行便是天道，而且「天地之大德曰生」就是天道的主旨。〈繫辭上傳〉說：「夫易，聖人所以崇德而廣業也。」明白指出《易經》是聖人用來提高道德修養、擴大事業範圍所依據的一部經典。又說：「默而成之，不言而信，存乎德行。」學易的人，大多靜默潛修，卻能夠成就其事業，不需要言語，大家便能信從，主要的關鍵，即在於美好的德行。天道與人道相通之處，孔子認為那就是「仁」。「仁者人也」，表示仁是人的美德，是上天所給予人類的寶貝。

人道與天道合一，也就是仁道。因此人道即為仁道。「天人合德」，表示道德就是仁。孔子說「吾道一以貫之」，也可以解釋為由仁來貫穿為人之道。我們常說「仁人志士」，「仁人」的意思，是無往而不合乎道德者，「志士」則是有志於追求道德情操的君子。儒家的教化，以「仁人」為最高標準，因為「仁」是眾德的總稱，「義」則是因時、因地、因人、因事而合理行仁的意思。孔子說仁，孟子說義，合稱為仁義道德。實際上「德」是得之於天，行仁道合理而有所得，即為「仁人」。

天人合德

天地有生的大德

天地可以生萬物，
這就是生的大德。
天賦萬物以本性，
人因而有了人性。
天降大任於人類，
使人有別於禽獸，
更是對人的大德。

天地生德於人

人之所以為人，
主要在於自覺，
和禽獸不相同。
人人由道而生，
都具有道德心。
成為仁人君子，
是共同的目標。

天道與人道合一

仁道

五．孔子所述即為道德信仰

孔子最喜歡夢見周公，所以《論語．述而篇》記載：「子曰：『甚矣，吾衰也！久矣，吾不復夢見周公！』」經常夢見的原因，多半是平日時常思念。孔子思念周公，是推崇他對禮治的貢獻。孔子十分重視「克己復禮」，甚至認為「一日克己復禮，天下歸仁焉。」他所說的「禮」，並不是指禮儀制度，而是就其本質來看。禮的本質是心，也就是我們的本性，因為禮即仁，是我們與生俱來所擁有的。出生以後，受到環境的污染，以致埋沒、消滅、受損，因此要用「復」的功夫，來自我修復，所以說「復禮」。孔子主張：「非禮勿視，非禮勿聽，非禮勿言，非禮勿動。」這裡所說的「勿」，和乾卦初九爻「潛龍勿用」的「勿」字，都是同樣的用意。並不是不看、不聽、不說、不動，而是去除私欲，在看、聽、說、動之間，不致流於非禮。換句話說，便是站在不隨便視、聽、言、動的立場，做出合理的看、聽、說、動。

人固然應該享有自由，同時更需要有中心。譬如民主國家，必須以憲法為全體國民的「中心思想」，也就是「共同信仰」。孔子認為人有創造、自主的自由，更需要自律、自制，以道德為共同的信仰。這裡所說的「人」，並不是你、我、他的「個人」，而是「整體人類」。「仁者人也」，仁心為人類所共有，發揚人道（仁道）精神，也是全體人類共同努力的總目標。自然的善，構成了自然律，而人類的道德，也必須形成社會律。由「仁」來溝通自然律和社會律，是孔子對易學的偉大貢獻，亦即主張以道德為人類最佳的共同信仰。

我欲仁，斯仁至矣！
這是我們能夠掌控的部份。

仁性，使我們生生不息地引發德性。
這是人人都具有且「異於禽獸」的美質。

人是否重視道德，
並不是自身的問題，
而是教育的問題。

孔子倡導有教無類，便是擴大德性教育的機會。
人人可以為堯舜，個個能夠提升自己的道德。

孔子的最高信仰即為「道德」。

六．道德不可變其餘皆可改

「人之初，性本善。」隨著知識普及、科技發展、經濟繁榮，人類似乎變得更自私、更投機、更殘忍，以致「人性本善」的說法，引起很多人的懷疑。實際上，「人之初」不應該解釋為「每一個人剛出生的時候」，而應該解釋為「人類初次出現在世界上」，那時候的人類，應該是善的。隨著時代的變遷，人心不古，於今猶烈。由於一代又一代，愈加受到種種污染，很可能一生下來就不善了。大家喜歡說：「現代的嬰兒，更加聰明。」幾乎可以斷定為更加貪心、狡滑和不老實了。這是為什麼呢？因為人類一代又一代的傳承，朝向一條「愈來愈重視知識，卻愈來愈輕忽道德」的途徑，導致今日科技高度發達，但人類所面臨的危機，也是空前所未有。

「道德」兩字連用，首見於《禮記》。我們可以這樣說：當道德兩字分開使用的時候，「道」即是行走的道路，人有人的道，牛有牛的道，螞蟻也有螞蟻的道，是人和物共用的名詞。「德」便是得，人或物各走各的道，若有所得，就可以叫做「德」。但是「道德」合成一詞之後，便專屬於人類，為人類所專用了。道德不但成為人類的道路，更應該成為全體人類的共同信仰。就「變易」和「不易」來說，道德應該屬於「不易」的部分。

人類想要享受科技發達、經濟繁榮、幸福圓滿的生活，唯一的辦法，便是人人在日常生活中，不斷地提升自己的道德修養。對每一個人來說，這都是自己可以控制的，正所謂「我欲仁，斯仁至矣！」相信每一個人或多或少，都有一些實際的體驗。總之，道德不可變，其餘皆可變，但前提是要變得合理。

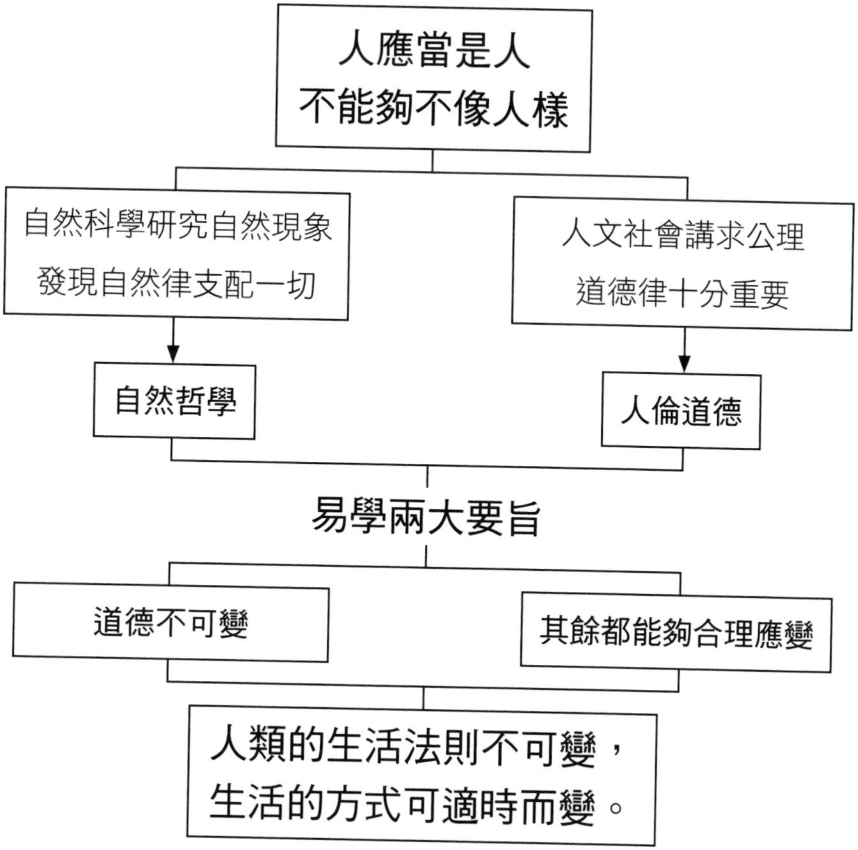
人應當是人
不能夠不像人樣
自然科學研究自然現象
發現自然律支配一切
人文社會講求公理
道德律十分重要
自然哲學
人倫道德
易學兩大要旨
道德不可變
其餘都能夠合理應變
人類的生活法則不可變，
生活的方式可適時而變。

我們的建議

1 我們尊重每一個人的宗教信仰，更尊重每一種宗教的經典禮儀。我們只是認為《易經》的道德哲學，是全體人類最容易達成共識的共同信仰，相信沒有人會反對。

2 以道德為基礎，再來建立各種宗教。合乎道德要求的，當然是正教，可以發揮正當的道德教化作用。不但造福人類，而且對整個宇宙萬事萬物，都有很大的助益。

3 人人重視道德，不論信仰哪一種宗教，都能夠秉持「非禮勿視、非禮勿聽、非禮勿言、非禮勿動」的不易原則，然後合理地實踐各種宗教不同的禮儀和教條，唯有如此，宗教界才不致引起戰爭。信徒們能夠相安無事，互相尊重、包容，應該是宗教的共同目標。

4 人類出生時，一切都是「未定之天」。能不能順適長大？以後會怎麼樣？好像沒人有把握。我們所努力的，不過是創造出自己的「好死」結局，並使其成為「必然之局」。

5 由「未定之天」走向「必然之局」，唯一能夠完全掌握在人類手中的，不過是「道德」而已。其它因素無論如何，總歸有很大的風險性，仍然屬於未定之天。

6 我們都知道孔子重「仁」，而孟子又加上「義」。「仁」與「義」在易學當中，真的有其淵源嗎？我們趕緊來看一看，為什麼〈說卦傳〉明言：「立人之道曰仁與義」呢？

《第三章》

仁義
與易學有何淵源？

〈說卦傳〉指出：立人之道曰仁與義，
表示人類應該有仁心而明義理。

復卦明心見性，使仁心失而復得，
恆卦要我們復而又復，恆久不已。

人類的物欲，引誘我們迷失了自性，
現代人喜歡自信，更加容易驕而失道。

謙卦無「元」，只有一個「亨」字，
必須隨時變通，而又不違禮義。

履卦和謙卦互為「錯卦」，相反相成，
以謙履禮，虎也不咬人，所以雖危可亨。

孔子三陳九卦，都和仁義有關，
主要在解憂防患，然後崇德廣業。

一、立人之道即在於仁與義

〈說卦傳〉說：「昔者聖人之作易也，將以順性命之理。是以立天之道曰陰與陽，立地之道曰柔與剛，立人之道曰仁與義。」從前聖人創作《易經》，用意在順應性命的道理。什麼叫做性命？性就是人或物自然生成時，所秉持的天性，譬如狗有狗性、牛有牛性，當然人也有天賦的人性。命則是使生物活著的機能，稱為生命；以及先天賦予而難以改變的任務，稱為天命。人生必有死，這是人類的「共命」，古今中外並無例外。但在生與死之間，各有不同的遭遇。我們常說死生是命，富貴貧賤也是命，不能說是迷信，卻必須自作自受。《易經》將每卦六爻，由下至上，分成三等分。初二兩爻為「地道」，三四兩爻為「人道」，五上兩爻為「天道」，稱為「兼三才而兩之」，所以又叫做「三才之道」。由於一陰一陽之謂道，三才而兩之，正好有陰有陽，兩兩相對，因此呈現「立」的狀態。天是陰與陽的變化，我們常說風雲變色、陰晴不定，便是天之道。地上萬物，有剛也有柔，即使是土地，也有軟有硬，所以「立地之道曰柔與剛」。那麼人呢？〈說卦傳〉明白指出「立人之道曰仁與義」。仁者愛人，通常是柔的表現；而義以制宜，相對是剛的一面。上天是陰陽不測的，人生便是由「未定之天」走向「已定之局」的歷程，充滿了不可測的變數，卻無可奈何地，必須接受「生必有死」的定數。孔子說「不義而富且貴，於我如浮雲」，他把「富貴不可得」的侷限性，轉化為「我欲仁，斯仁至矣」的可控制性，這是合乎道理的自然順應，即為「順性命之理」。

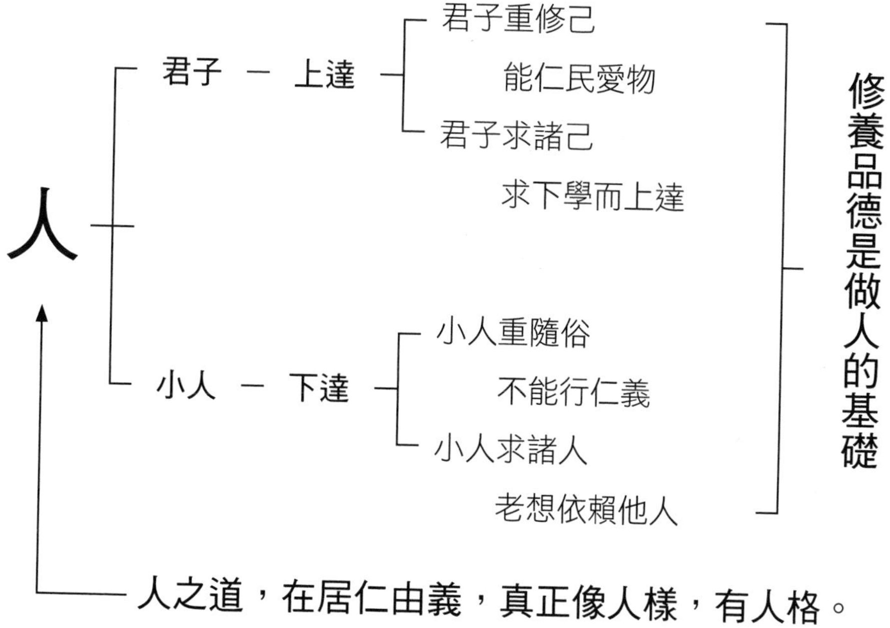
人
君子 — 上達
君子重修己
能仁民愛物
君子求諸己
求下學而上達
小人 — 下達
小人重隨俗
不能行仁義
小人求諸人
老想依賴他人
修養品德是做人的基礎
人之道，在居仁由義，真正像人樣，有人格。

二、仁德是生機妙用的基礎

〈繫辭上傳〉說：「一陰一陽之謂道，繼之者善也，成之者性也。仁者見之謂之仁，知者見之謂之知。」宇宙萬物，都具有道的生機，並且繼續不斷地發展生機。生而又生，生生不息才叫繼；善是繼的根由，也就是道的仁德。順應這種生之、養之、育之、導之的生機，以成就萬物，就叫做性。仁人心中有仁，看見它便稱之為仁；智者認為生機的養育演化，是一種變化多端而有其秩序的操作過程，必須窮究其道理，所以看見它便稱之為知。仁與知兼備，可以促成「一陰一陽之謂道」的生生不息。仁與知，可以說是生的本質，也就是我們常說的「性」，所以《中庸》說：「成己仁也，成物知也，性之德也。」君子求取學問，目的在明道濟世。要明道，必須先從成己做起，由格物、致知、誠意、正心開始，把身修好，使自己的道德修養提高，然後才可以濟世。要濟世，應該先從成物做起，由修身、齊家、治國，以至於平天下，盡自己最大的努力，為天下國家、社會人群做出貢獻。成己是內聖，成物則是外王。內聖外王之道，是我中華兒女，畢生追求的最崇高理想，也是上天降給人類的神聖責任。要達成這種理想，完成這樣的責任，必須以道德（仁）和學問（知）為基礎。因此〈繫辭上傳〉接著說：「顯諸仁，藏諸用，鼓萬物而不與聖人同憂。」陰陽之道顯現在化育萬物的仁德，其鮮明的象即為生機盎然的「仁」，但是真正演化的作用及何以如此的「知」，則隱藏於作用之中，難以明白。它催生萬物，卻不像聖人那樣憂慮，這才是順應自然的生生之道。

才有足以擔當的實力。
有機會治國、平天下時，
盡自己最大的努力。
由修身、齊家做起，

→

可以當成理想的目標。
但是取法乎上得乎中，
一般人當然不容易做到，

→

即使環境污濁，也不受污染。

→

所有的言行，仁至又義盡。

→

從心所欲，不踰矩。

→

仁義兼修

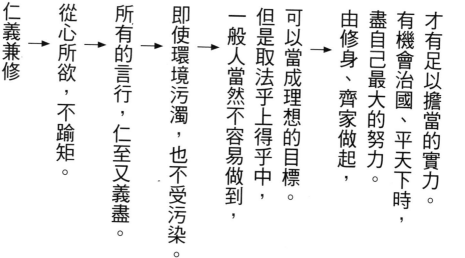

三、易經中顯示仁的重要性

乾卦〈文言傳〉說：「君子體仁足以長人，嘉會足以合禮，利物足以和義，貞固足以幹事。」《易經》以道德為標準，將人格分成聖人、大人、君子、庶民、小人五級。後來在君子之下，加列士人，並且不列小人這一級，是鼓勵大家向上的意思。君子文質彬彬，心理平衡，言行中節合度，實際上並不容易達成這樣的修養；能夠善體上天好生的美德，身體力行仁道，才有資格成為眾人的領導者，也就是長人，被人們視為尊長。尋求美好的聚集，稱為嘉會；把美好的德性，會集在自己的思想言行之中，自然合乎禮（理）的要求。充滿利他的好心，對一切事物都盡力加以愛護，務使各得其所而順適發展，即為和義。堅持這種貞正的操守，當然足以幹辦任何大事，處理好各種事物。

〈繫辭下傳〉說：「天地之大德曰生，聖人之大寶曰位。何以守位？曰仁。」也有一種說法：「聖人之大位曰仁，何以守仁？曰人。」都在提示我們：仁是非常重要的，不仁就等於缺乏同情心，喪失了人性，實在十分可怕。

孔子作《易傳》，依卦爻辭來闡明義理，將立身處世之道，透過吉凶悔吝的現象，加以印證。使《易經》由一本占卜之書，發展為寶貴的哲理，使我們以理性的態度，來探求吉凶的演化道理，並不需要依賴占筮的結果，以決定自己或他人的行止，所以孔子說：「不占而已矣！」不是不能占或不可占，而是經由理智的推測和判斷，便能夠趨吉避凶。而其根本，即掌握在「居仁由義」的合理途徑，原來都在自己手中。自作自受，就是由此而來。

《易經》是做人做事最基本的道理，
因為它以「仁」為中心來發揚人性。

↓

孔子作《易傳》，依卦爻辭來闡明易理，
使《易經》由一本占卜之書，發展成寶貴的哲理。

↓

天地之大德曰生，
聖人之大寶曰位。
何以守位？曰仁。

仁 → 合理的同情心，發揚人性。

不仁 → 缺乏同情心，喪失了人性。

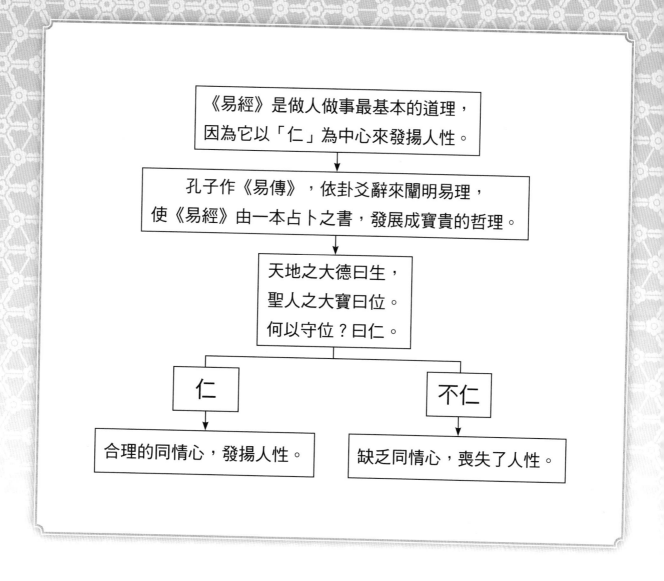

四、君子應該首先修養九德

〈繫辭下傳〉說：「是故，履（䷉），德之基也；謙（䷎），德之柄也；復（䷗），德之本也；恆（䷟），德之固也；損（䷨），德之修也；益（䷩），德之裕也；困（䷮），德之辨也；井（䷯），德之地也；巽（䷸），德之制也。」孔子認為生當憂患之世，人人都應該修這九德。履卦（䷉）下兌上乾，原本是上天下澤的自然現象，我們從澤中可以看出天空的倒影，十分清楚；提醒大家必須小心謹慎，循禮而行，所以是修德的基礎。謙卦（䷎）是履的錯卦，地中有山，象徵謙虛、恭敬；告訴我們：循禮而行的時候，應該抱持謙虛、恭敬的心態，所以是修德的關鍵。復卦（䷗）下震上坤，以雷在地中的自然現象，來提醒我們復善趨仁，必須動以順行，所以是修德的根本。恆卦（䷟）下巽上震，象徵巽而動，才能長久；提醒我們：修德必須恆久堅持正道，才能鞏固。損卦（䷨）下兌上艮，以山下有澤的自然景象，來象徵損下益上的決心；代表修德時懲忿窒欲，才能自損不善。益卦（䷩）下震上巽，象徵損上益下，有改過遷善的行為，修德才能豐裕。困卦（䷮）下坎上兌，以澤中無水的自然景象，告訴我們：身處困厄，也應該守正不亂，成為修德之人必須明辨的道理。井卦（䷯）下巽上坎，以繩桶順勢引水而上，養民不窮，當然是修德的好地方。巽卦（䷸）下巽上巽，象徵謙順有度，才能夠獲得合理的制宜。這九卦的詳細內容，我們已經分別說明過，不妨重新檢閱，務求溫故而知新，在自我修德方面，得以不斷精進。

君子首先要修養九德

- 履卦 ䷉ 10，德之基也。
- 謙卦 ䷎ 15，德之柄也。
- 復卦 ䷗ 24，德之本也。
- 恆卦 ䷟ 32，德之固也。
- 損卦 ䷨ 41，德之修也。
- 益卦 ䷩ 42，德之裕也。
- 困卦 ䷮ 47，德之辨也。
- 井卦 ䷯ 48，德之地也。
- 巽卦 ䷸ 57，德之制也。

人人必需具備的憂患意識

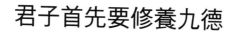

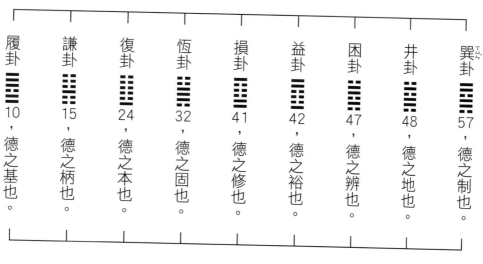

五、孔子三陳九卦用心良苦

〈繫辭下傳〉又說：「履，和而至；謙，尊而光；復，小而辨於物；恆，雜而不厭；損，先難而後易；益，長裕而不設；困，窮而通；井，居其所而不遷；巽，稱而隱。」

履卦（䷉）安排在小畜卦（䷈）的後面，象徵小康社會，必須富而好禮，在互相尊重、彼此禮讓的和諧氣氛中，達成自律自在的安祥生活。和指和諧，至為達成；代表在和順中達成建立道德生活的良好基礎，以和為貴，成為德之基。謙卦（䷎）在大有卦（䷍）之後，即在提醒大家，飽暖思淫欲，恃富貴而驕傲，實在是人之常情，必須謙虛、禮讓，自尊自重，才能光大德行。復卦（䷗）一陽初動，對於微小的徵兆，必須明辨吉凶得失，務求迷途知返。恆卦（䷟）在複雜的環境下，仍然不厭不煩地堅持正道，難能可貴。損卦（䷨）要懲忿窒欲，開始時最難做到，經過堅持和忍耐，養成良好習慣，就愈來愈容易。益卦（䷩）長期增益善行，並不虛假造作，才是德之裕也。困卦（䷮）在升卦（䷭）之後，表示不可因富貴而忘記困窮時的情況，一旦陷入困窘，就應該守節不屈，才能由窮困走向通達。井卦（䷯）是困卦的綜卦，告訴我們處於窮困時，必須居其所而不遷。巽卦（䷸）以謙順的方式而有所為，值得稱道卻又隱而不現。

〈繫辭下傳〉又三陳九卦說：「履以和行，謙以制禮，復以自知，恆以一德，損以遠害，益以興利，困以寡怨，井以辨義，巽以行權。」孔子一而再、再而三，把九卦的意義與功能不厭其煩地說明，實在是用心良苦，值得我們重視。

孔子再陳九卦

- 巽（ㄒㄩㄣˋ），稱而隱。稱道合宜，卻又隱而不現。
- 井，居其所而不遷。修德不移，有如井般，久居其所而不遷。
- 困，窮而通。窮困時能守節，必然亨通。
- 益，長裕而不設。順其自然不斷增益善行，不矯揉造作。
- 損，先難而後易。損欲減忿，初時很難，養成習慣後也很容易。
- 恆，雜而不厭。對人情雜亂並不生厭，必須堅守常德才有成就。
- 復，小而辨於物。洞察機先，明辨得失。
- 謙，尊而光。謙讓使人尊重，德行光大。
- 履，和而至。和諧而有所作為。

人人可修的內聖功夫

六、解憂防患唯賴品德修養

〈繫辭下傳〉說：「作易者，其有憂患乎？」創作《易經》的人，憂患意識一定十分濃厚。因為人生不如意事，十常八九。為了解憂防患，孔子特別三陳九卦，提醒大家進德修業的重要性。他在〈繫辭傳〉中，第三度提示我們：

用履之道，在和行。也就是共生共育，遵循自然規律，在和諧、合作的氣氛中，各行其道而不相悖。

用謙之道，在制禮。也就是時時守謙，遵循禮節而行，在謙虛、禮讓氣氛中，互相尊重而無不宜。

用復之道，在自知。也就是本於自然，卻難免有誤用的過失。必須自省得失，知所改善，才能天下歸仁。

用恆之道，在一德。也就是一心一意，追求恆久之德。人道很難恆久，所以一心一德，實在十分重要。

用損之道，在遠害。也就是盡力遠離禍害，現代稱為找出最為有利的停損點。因為求益避損，才合乎人之常情。必須用損時，也應該以降損遠害為上策。

用益之道，在興利。上足不如下足，厚殖興利才是正當途徑。《大學》說：「財聚則民散，財散則民聚。」合乎用益之道，德本財末，當然不致與民爭利。

用困之道，在減少怨尤。也就是人類有責任維護自然生態，以防止自然災害發生。減少困難，以寡怨為主要訴求。

用井之道，在辨義。也就是多貢獻自己的能力，以造福人群社會，才是明辨事宜的良好修養。

用巽（ㄒㄩㄣˋ）之道，在行權。該進則進，該止便止，以持經達變的方式求合理應變。

孔子三陳九卦

- 巽以行權。——行止有方，持經達變，務求合理應變。
- 井以辨義。——造福人群社會，才是明辨事宜的良好修養。
- 困以寡怨。——減少困難，以寡怨為主要訴求。
- 益以興利。——德本財末，不致與民爭利。
- 損以遠害。——必須用損時，要找出最有利的停損點。
- 恆以一德。——人道很難恆久，一心一德十分重要。
- 復以自知。——自省得失，知所改善，才能天下歸仁。
- 謙以制禮。——在謙虛、禮讓的氣氛中，互相尊重而無不宜。
- 履以和行。——在和諧、合作的氣氛中，各行其道而不相悖。

人人所需要的修己安人之道

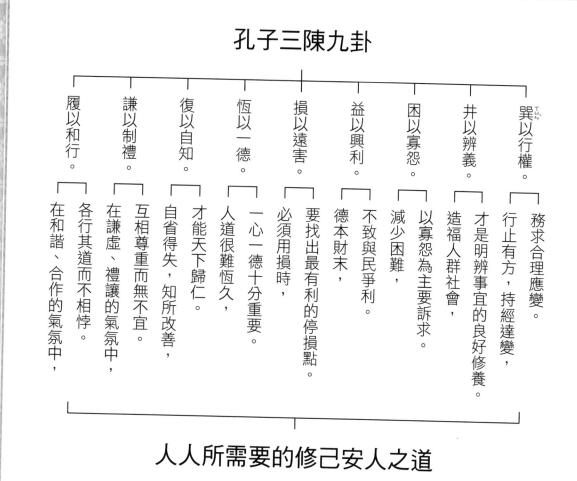

我們的建議

1 仁義道德為中華文化的主流，這樣的思想源自於《易經》。我們從孔子一而再、再而三地說明九卦的重要性，可以看出端倪。效法天德，以培養高尚人格，是學易的主要功能。

2 六十四卦卦爻辭，都是為君子謀的。孔子自稱：「五十以學易，可以無大過矣！」他一生最大的成就，即在集大成。提出盡人事以聽天命的主張，便是只要合乎天德而行，就可以置最後結果於度外，因此才有「不占而已矣」的感慨。

3 〈大象傳〉在「君子」、「先王」、「大人」以下的文字，和卜筮基本上毫無關係，卻可以說是君子進德修業的行為準則。我們把六十四卦的大象辭彙整起來，便可成為一部完備的人生寶典，終生奉行，自然吉无不利。

4 履（䷉）、謙（䷎）兩卦，是實踐道德的必要素養；而巽（ㄒㄩㄣˋ）卦（䷸）的執經達變，則是實際言行的必要原則。由困而復，其中的損、益過程，都需要巽（ㄒㄩㄣˋ）以行權，並獲得其宜。

5 人生難免有過失、遇挫折，必須復而又復，恆久不已，所以恆卦（䷟）是永固道德的必要條件；井卦（䷯）居其所而不遷，但水通源頭，流動不息，所以能夠隨時持經達變。

6 仁義道德的產生，通常來自逆境，由困而復。六十四卦之中，明夷卦（䷣）最能代表這種精神。我們接下來，先看明夷（䷣）和晉（䷢）這兩個互綜的卦，看看有哪些啟示？

《第四章》

明夷卦六爻
說些什麼？

明夷卦光明在黑暗之下，受到傷害，
君子當及早發現徵兆，趕快逃避才適宜。

不幸遭遇黑暗時代，必須柔順因應，
倘若順乎情理，而又合乎自然法則，則吉。

有志者弔民伐罪，不貪圖一時的功利。
移風易俗，原本急不得，要有一段過程。

處黑暗時代，既不失節，也要明哲保身，
不到最後關頭，絕不做無謂的犧牲。

即使明德遭受傷害，也要堅貞持正，
確信真理的光明，永遠不至於熄滅。

黎明前，永遠最為黑暗，
當黑夜過去，光明就會再度顯現。

一、初九垂其翼快逃難避禍

明夷卦（䷣）離下坤上，象徵明入地中。我們常說「暗無天日」，似乎就是明夷卦的寫照。離日的光明，被掩沒在黑暗的地中，顯然是受到傷害，所以取名為明夷。

卦辭說：「明夷，利艱貞。」〈雜卦傳〉指出：「明夷，誅也。」誅和夷的意思，都是傷害。黑暗的時代，明德遭受毀謗，好人反而吃虧，應該奮勇地發揮艱苦忠貞的精神，共同扶持正義，所以說：「利艱貞」。必須艱險守正，才能恢復光明。六二、九三、六四互坎為陷，因而有艱險的象。

初九爻辭：「明夷于飛，垂其翼；君子于行，三日不食。有攸往，主人有言。」小象說：「君子于行，義不食也。」

明夷卦的卦主，不在六五而是上六。因為上六居明夷的極位，象徵黑暗到了極點。初九以剛健居陽位，是當位的爻，和上六相距最為遙遠，卻已經知所警覺。明明是能夠飛行的鳥，也不敢鼓翼高飛，唯恐飛得愈高愈黑暗。明夷下卦為離，〈說卦傳〉以離為雉，所以用飛鳥來比擬。不敢飛，又想逃，那該怎麼辦？就趕快垂下翅膀，快走避難吧！君子為了遠避中傷陷害，也像飛鳥那樣高度警覺，即使三天都來不及吃飯，也應該說走就走。初九與六四相應，當中相隔三爻，所以用三日來形容。「有攸往」便是有所往，由於離中虛，顯得腹中飢餓，接待的主人看到這種匆促逃走的現象，難免有一些指責的閒言閒語。但這也是一番好意，不用理會便是。因為君子勢在必行，「義」即為宜，不吃飯、快趕路才合宜；否則逃不掉、走不成，那才是大麻煩！

（初爻變，成謙卦䷎）

明夷 ䷣

36

初九，明夷于飛，垂其翼；君子于行，三日不食。有攸往，主人有言。

初九當位，又與六四相應，象徵「明入地中」的徵兆。君子及早警覺，知道非趕快逃難避禍不可，於是仿傚驚弓之鳥，不敢鼓翼高飛，只能垂下雙翼，快步閃躲。就算三天都來不及吃飯，也要把握時間，迅速逃離。到了所想去的地方，即使接待的主人不明就裡，埋怨為什麼這樣著急而餓著肚子匆忙趕路，也用不著多說什麼。因為初九變爻，明夷就成為謙卦，唯有謙謙君子，才能順利逃脫「明入地中」的黑暗傷害。

一看情況不對，立即快步閃人，以策安全。

二、六二用拯馬壯可獲吉祥

明夷卦（䷣）彖辭：「明入地中，明夷。內文明而外柔順，以蒙大難，文王以之。利艱貞，晦其明也。內難而能正其志，箕子以之。」卦象上為「地」下為「日」，有如「明入地中」，因此，卦名稱為「明夷」。下卦為內，離卦（☲）為明，所以說「內文明」；上卦為外，坤卦（☷）為順，即為「外柔順」。當我們蒙受重大災難時，最好採取這種內涵文明的品德修養，卻能夠表現出柔順的態度；當年周文王遭受商紂王的迫害，便是以這樣的涵養安然度過的。「利艱貞」的意思，是隱藏自己的賢明，也就是裝糊塗；雖然內心十分痛苦，依然堅持忠正的意志，而殷商的箕子，堪稱為代表人物。此即善用「明夷之道」的良好例證。

六二爻辭：「明夷，夷于左股，用拯馬壯，吉。」小象說：「六二之吉，順以則也。」初九人微言輕，影響力不大，所以能夠快步閃人。六二陰居柔位，又是下離的中位，影響力很大，受到各方面的注目，想逃也逃不掉。幸好六二是下離的主爻，明於事理，又智足以防身，所以只傷及左股，行動稍有不便。離卦中爻變陰為陽，即成乾卦。〈說卦傳〉以乾為良馬，象徵六二左股雖然受傷，卻可以用壯健的馬來代步，藉以獲得拯救而脫險，所以吉祥。六二能夠負傷逃離險境，主要是柔順的態度，既順乎情理又合乎自然法則，不逞一時之勇，也不盲目追求短暫的痛快。就像當年周文王擁有三分之二的土地，卻對商紂王「順之以則」一樣。明夷六二變爻為泰卦，只有在逆境中創造自己的有利情勢，才能泰然自得；能韜光養晦，自有光明的前程。

（二爻變，成泰卦䷊）

明夷 36 ䷣

六二，明夷，夷于左股，用拯馬壯，吉。

六二是下離的中爻，當位又能保持正道。即使「明入地中」，也能由於平日廣結善緣，而不致遭受嫉妒、中傷。但是左股還是不免受到傷害，幸好有壯健的馬可以代步，所以仍然吉祥。可見身處黑暗時代，若能順乎情理而又合乎自然法則，能韜光養晦，自有光明的前程。明夷卦六二，正是當年周文王的寫照。六二變九二，明夷卦即成為泰卦，文王得以泰然自得，便是善用明夷之道的良好效果。

順乎情理，合乎自然法則，可獲吉順。

三、九三南狩為了伸張正義

明夷卦（䷣）大象說：「明入地中，明夷；君子以莅（蒞）眾，用晦而明。」處於黑暗時代，君子必須明哲保身，採取逆來順受的態度，不做無謂的犧牲。箕子是商朝的賢臣，也是紂王的父執輩，當紂王暴虐無道時，屢諫不聽，於是披頭散髮，假裝發狂而遭受囚禁，一直到武王滅紂，才獲得釋放。「蒞」的意思是臨，臨眾即為治民。「用晦而明」表示隱藏聰明的方式，就教化的作用來看，實際上和聰明有同樣的功能。韜光養晦，以免遭忌，是一時的應變措施；長遠看起來，仍須打通光明的坦途，才是大家的福氣。

九三爻辭：「明夷于南狩，得其大首，不可疾貞。」小象說：「南狩之志，乃大得也。」冬季打獵，稱為「狩」。在這裡，由於離為南方的卦象，而且代表甲冑，為戈兵，所以，「明夷于南狩」的意思是利用南征的機會，實踐弔民伐罪的意志。九三位於下離的上位，也就是陽剛到極點，不能忍受當前的困境，必須發動南狩，以為民除害。九三與上六相應，上六是明夷卦的上位，便是明夷的首惡；把上六滅掉，即為得其大首。九三和上六，中間有六四和六五，代表越境遠征，不能急疾糾正。「疾」為急疾，「貞」在這裡是糾正的意思；移風易俗，最好不要糾正過激。小象所說「大得」，並非貪圖一時的功利，而是抱持改變風氣的大志。九三在南狩中得其大首，可以說大有收穫；至於糾正的過程，仍然需要大家的努力，經過一段時間，才能完成。九三以剛居陽位，果然發揮了很大的功能。初九雖然也當位，卻為六二所乘，威勢不如九三。

（三爻變，成復卦䷗）

明夷䷣ 36

九三，明夷于南狩，得其大首，不可疾貞。

九三剛健居陽位，又是下離的上位，象徵剛健之極，當然不可能像初九那樣逃難避禍，或者像六二那樣委屈求全、顧全大局。九三不能忍受當前的困境，決心發動南征，並不是為了貪圖一時的功利，而是要實踐弔民伐罪的大志。大首指上六，九三與上六相應，象徵得其大首，將黑暗的首惡元凶清除掉。但是移風易俗，仍須有一番過程，不可以疾速求正。九三變爻，即成為復卦，便是黑暗終將過去，光明必然恢復的信念。

移風易俗急不得，需要一番努力的過程。

四。六四于出門庭心意自由

明夷卦（䷣）明入地中，下離的光明，為上坤所掩沒，實在是暗無天日，但是下離並未因此而灰心喪志，依然盡力維持應有的光明，務期有朝一日，再度普照大地。初九有自知之明，為保存實力而逃難避禍。六二陰柔，缺乏氣魄與毅力，只好委屈求全、忍受服從，也是為了顧全大局，保留光明的實力。九三陽剛至極，發揮南狩的力量，獲得明夷的首惡元凶，實在是非同小可的宏大收穫。下離的正義之聲，終於有了成果；上坤的挽救大局，相信光明終必消除黑暗。這是明夷卦帶給我們的最佳信念。

六四爻辭：「入于左腹，獲明夷之心，于出門庭。」小象說：「入于左腹，獲心意也。」左腹通常比較柔軟，〈說卦傳〉說：「坤為腹。」六四當位，居於上坤的初位，有入于左腹的象徵。坤為大地，六四陷入黑暗的程度尚淺，還沒有昏黑到什麼都看不見。明夷卦六二、九三、六四為坎即心。明夷傷害光明，暗指商紂王暴虐無道。「獲明夷之心」指當時的微子（箕子的胞兄）明白紂王的心意，決定「于出門庭」，逃到門庭之外，以避免上坤因六四由柔變剛而成為震卦（䷲）。既不想當面使紂王震怒，便只好自己震到門外了。「入于左腹」，只要心中有數，明白當時的處境，自行設法脫離黑暗的氛圍，也就有機會能心安意滿了。微子的表現，並非怯懦、怕死，而是不做沒有必要的犧牲。易理指出：不到最後關頭，不必無謂地犧牲。凡事適可而止，明夷卦六爻，各有其可與不可的限制，盡人事以聽天命，才是各安其分。

（四爻變，成豐卦䷶）

明夷 36 ䷣

六四，入于左腹，獲明夷之心，于出門庭。

六四當位，象徵陷入黑暗的境地尚淺，還沒有昏天暗地的感覺，這時候心中有數，知道明夷的用意，即在傷害光明。六四居上坤始爻，陷入黑暗的程度尚淺，明白只要脱離黑暗的氛圍，便可獲得自由的心意。於是決定非到最後關頭，絕不輕言犧牲，因而逃出門庭之外。此舉既不失節，也能保全其身。

處明夷時代，既不能失節，也要保全己身。

五・六五利貞才是最高原則

明夷卦（䷣）明入地中，從自然現象來看，由於地球繞著太陽轉動，每天都有看不見陽光的黑夜。人們趁機好好休息，恢復體力，準備第二天清晨到來，再度迎接光明的一天。把這種道理，應用在人事現象上，採取順應自然的法則，彼此不以聰明相鬥，風俗也就更加淳厚。明夷卦坤為上卦，〈說卦傳〉以坤為眾，便是眾人隨著自然法則，在黑暗時代明哲保身，以收用晦而明的效果。

六五爻辭：「箕子之明夷，利貞。」小象說：「箕子之貞，明不可息也。」箕子雖然是商紂王的長輩，看到紂王暴虐無道，把叔父比干慘加剖心酷刑，逼得胞兄微子連夜逃走等暴行，箕子不願像比干那樣直諫，但也不想逃走，於是只好披髮裝瘋，以避免紂王的傷害。在周武王興起之後，得以師禮尊敬箕子，這種能晦其明，又不失其明的做法，應該是處黑暗時代「利艱貞」的最佳典範。由於六五以陰柔居陽位，頗不當位，因而特別提出「利貞」，也就是有利於貞正人士的警戒，以防被變節的人當做藉口。六五原本是君位，但在明夷卦是以上六為卦主，所以六五成了臣位。上六是商紂王，昏暗到極點；箕子為近臣，既為前朝舊臣，又和紂王為同姓至親。處在這樣黑暗的時代，箕子唯有堅貞不二，才能夠堅苦卓絕，裝瘋度日。因為他始終堅持即使明德受害，但終有恢復光明一日的信念，所以「利貞」。倘若看到黑暗就害怕，找藉口變節或輕言犧牲，那就不利貞了。守正明德的心意，斷然不可有所偏失，才稱得上是君子固窮。

（五爻變，成既濟卦䷾）

明夷 36 ䷣

六五，箕子之明夷，利貞。

明夷卦以上六為卦主，所以上六才是君位，六五成為近臣的位置。上六代表暴虐無道的商紂王，六五便是前朝舊臣，與紂王同姓至親的箕子。他看到比干慘死、微子出走，不得不披頭散髮、假裝發瘋，以逃避紂王的加害。在周武王滅紂之後，重新獲得武王的敬重。六五以陰柔居陽位，有不當位的嫌疑，因此特別提出「利貞」的警語，以防人們拿黑暗當做變節的藉口。

雖然明德受到傷害，仍堅信光明不致熄滅。

六・上六不明晦結局必失敗

上六爻辭：「不明晦，初登于天，後入于地。」小象說：「初登于天，照四國也；後入于地，失則也。」

「不明晦」即不明而晦，上六居明夷的極位，象徵黑暗至極的暴君。商紂王便是大家熟悉的例子，初期有如登天一樣，能夠逞於一時，終必有如墜入地中，一敗塗地。當紂王初登君位的時候，四方邦國仰望其光輝，使他如登于天；後來昏庸日甚，有如日入地中，昏天暗地。是紂王自己不遵守法則，喪失大家的信心，可以說是自作自受。

明夷卦（䷣）以明入地中，光明為黑暗所掩的象，指出亂世君臣的大義，並用周文王和箕子的事實來舉例說明。以現代的觀點，在國家民族混亂黑暗的時代，身為國家民族的一分子，應該怎樣善盡國民的責任呢？簡單說，就是要為國家盡忠，為民族盡孝，才能無虧於大義。處「明夷」之際，唯有堅守「貞」的原則，在奮不顧身、委曲求全或者從容就義三者之中，因時、因地、因事、因人而求得合理的方式。明夷卦初九「垂其翼」、六二「用拯馬壯」、六四「于出門庭」，都指出要委曲求全，設法明哲保身，不做無謂的犧牲；六五「利貞」，凸顯自正然後可以正人的最高原則；九三「南狩」，指出應該伸張正義時，理該奮不顧身；上六「不明晦」，給我們最大的信心，代表光明終將消除黑暗。

明夷卦的後面，緊跟著是家人卦（䷤），提示我們，受傷的人回家才是安全的道路。平日家人相處和諧，有溫暖的感覺，即使社會黑暗，也能構築出一道堅強的支撐力量。

（上爻變，成賁ㄅㄧˋ卦䷕）

明夷 36 ䷣

上六，不明晦，初登于天，後入于地。

上六是明夷卦的上位，表示黑暗到極點，明德遭受傷害最深。依據《易經》物極必反的道理，黑暗到了極點，象徵光明即將來臨。上六當位，此爻是明夷的卦主。不明而晦，象徵當初有如登上青天那樣的光彩日子，已經消失殆盡，轉眼即將有如日入於地，一片漆黑，令大家絕望了。然而，黎明前永遠是最黑暗的，上六倘若由陰轉陽，明夷即變成賁ㄅㄧˋ卦，象徵文明再造、光明重現之日，已經為期不遠了。

光明終將消除黑暗，大家必須善盡責任。

我們的建議

1 《易經》六十四卦，代表宇宙間六十四種不同的「時」。明夷卦（䷣）塑造出一種「光明被黑暗掩沒」的特定背景，其中六爻的變化，都應該限定在明夷的時中，做出合乎情理的解析。說起來，也就是明夷之道，各盡其責。

2 無論如何，對國家盡忠、對民族盡孝，是每一個國民應盡的責任。當國家有難、民族自信心低落時，要記住明夷之道的最高準則，就在於一個「貞」字，非貞不可。

3 明夷卦（䷣）的互卦，六二、九三、六四為坎，九三、六四、六五為震，成為下坎上震的解卦（䷧），象徵堅持貞潔的操守，必能解除黑暗，恢復光明。上卦坤和下互震，構成復卦（䷗），表示光明逐漸回復，是必然的規律。

4 明夷卦（䷣）的上卦坤和下互坎，構成師卦（䷆），象徵必要時奮不顧身，甚至於從容就義，也在所不惜。上互震和下卦離構成豐卦（䷶），表示光明誠信的美德，終將消除黑暗。

5 易卦通例，第五爻不論為九五或六五，皆為君位，但在明夷卦卻以上六為君位。可見有通則便有特例，有例行就有例外，這種「大致如此」的精神，是「變易」的作用。

6 明夷卦（䷣）的前一卦為晉卦（䷢），剛好和明夷卦互為綜卦，象徵黑暗與光明的一體兩面。我們最好看看晉卦六爻和明夷卦各爻的爻辭，做一些比較後，更能深刻體會其中的用意。

《第五章》

晉卦六爻
有哪些啟示？

好不容易趕上朝氣蓬勃的時代，
慎始很重要，不必急於找第一桶金。

有了合適地位，還要心目中有領導，
彼此同心同德，自然有機會大展宏才。

晉卦下坤為順，獲得眾人信從，
是晉升的最佳保障，但不可不依循正道。

雖然機會很多，大地一片光明，
但也應該量力而為，不可過分貪婪。

晉卦後面緊跟著明夷卦，一片黑暗，
表示君王自昭明德，必須堅持以防有變。

賢明的君王，也難免日久鬆懈，
最好時常自我警惕，以免驕亢有厲。

一、初六尚未受命進退都正

晉卦（䷢）是明夷卦（䷣）的「綜卦」，也稱為「反對卦」。晉卦坤下離上，和明夷卦的「明入地中」相反，正好是「明出地上」。

卦辭說：「晉，康侯用錫馬蕃庶，晝日三接。」「晉」為卦名，「康侯」指能夠安定國家的公侯，依附在天子左右，有功於國家，因而獲得封侯的名分。「錫」便是賞賜的賜；「蕃庶」表示為數眾多；「用」即於是。表示封侯之後，天子賞賜眾多的馬匹。「晝日」代表一天之內，「三接」的意思是三次受到接見。公侯有功，天子賞賜既多，接見的次數也不少，正是明君賢臣的最好寫照。「晉」是追求發展，上離為日，象徵賢明的君王；下坤為臣，必須秉持「利牝馬之貞」，不應該得寸進尺，才是合理的君臣之道。

初六爻辭：「晉如摧如，貞吉。罔孚，裕无咎。」小象說：「晉如摧如，獨行正也；裕无咎，未受命也。」初六不當位，又居「晉卦」的始端，屢次求進取，卻屢次遭受摧抑。初本來是陽位，有上進的力道；初六陰柔主靜，代表涉世未深、經驗不足，受一些折磨、挫折其實也是好的。只要意志堅貞，走正道而上進，不存心投機取巧，自然可獲吉祥。「罔孚」指初六尚屬新人，信用並未建立，雖然與九四相應，畢竟不方便大力支持。「裕无咎」指的是還沒有正式受命，反而進退自如，擁有更為寬廣的餘裕。倘若利用這段時間來擴大胸襟、增強實力、提高勇氣、邁開大步，就沒有動輒得咎的顧慮。但是，如果自怨自艾，抱怨「人微言輕」得不到應有的重視，又輕率自負地亂出主意，引起大家的反感和指責，那就是邪而不正，路反而愈走愈窄，就不可能「裕无咎」了。

（初爻變，成噬ㄕˋ嗑ㄏㄜˊ卦䷔）

晉 ䷢
35

初六，晉如摧如，貞吉。罔孚，裕无咎。

初六柔居陽位，與九四相應，象徵有幸趕上領導賢明、可以力求上進的大好時機，反而不必急於一時。想想自己初入社會，尚未建立良好的信用，無法獲得大家的敬重，而且九四也不方便大力支持，看似受到挫折和磨難。但反過來想，只要自己堅定走向正道的意志，不因為急於功利而投機取巧，便能貞吉。於是放鬆心情，知道要胸襟寬廣，才能讓眼光看得長遠。雖然目前尚未受命，反而能使進退都正，而有很大的餘裕。可以慎始，當得到上進的機會時，才能无咎。初爻變，成噬ㄕˋ嗑ㄏㄜˊ，何必急呢？

入世之初，涉世未深，只要堅持正道，便能進退裕如。

二、六二受茲介福由於持正

晉卦（䷢）彖辭說：「晉，進也。明出地上，順而麗乎大明，柔進而上行，是以康侯用錫馬蕃庶，晝日三接也。」「晉」的時代，由於領導賢明，能讓幹部適時展現才能，力求上進，所以「晉」便是進的意思。「晉」字下體為日，象徵光榮的上進，其含義尤為深刻。「明出地上」指的是下坤上離；坤為柔順，離即明麗。日出既為大明，坤又以柔順附麗於大明之下，所以說「順而麗乎大明」。「柔（坤）進而上行」（由下向上，也就是由內而外），因為六五是晉卦卦主，象徵陰柔之質，卻上進到陽剛的君位，表示能夠禮賢下士，對有功的幹部封侯賜馬，經常接見。在「晉」的時代，君明臣賢，好人能夠晉升以道。

六二爻辭：「晉如愁如，貞吉。受茲介福，于其王母。」小象說：「受茲介福，以中正也。」六二當位，又是下坤的中爻，象徵擇善固擇，又知進退。明白初六「晉如摧如」，只是時機未到，九四不方便伸出援手，自己卻與六五兩陰不相應，處境還不如初六，因而不免發愁，感嘆有志進取卻苦於不易施展抱負。世間事往往有想做事時得不到位置，而獲得位置之後又使不上力的無奈。這種情況，看起來很不順，但為什麼初六、六二都說貞吉呢？「王母」指六五，雖然與六二不相應，卻由於賢明有道，發現六二和自己同聲相應、同氣相求，於是在機會適當時，必然給予上進的位置以展其長才。陰代表女性，六三為母，六五為祖母，所以為「王母」。「受」是接受，「茲」即此，「介福」便是大福。六二能夠接受這樣的大福，完全出於「既中又正」的緣故，可見在「晉」的時代，好人是不會被埋沒的。

（二爻變，成未濟卦䷿）

晉 35 ䷢

六二，晉如愁如，貞吉。受茲介福，于其王母。

六二當位，又是下坤中爻，為什麼發愁呢？因為與六五同為陰柔，並不相應，唯恐不能大力施展抱負，所以發愁。其實處於「晉」的時代，六五這位祖母級的老大，不但不會埋沒人才，反而發現六二原本是同聲相應、同氣相求的志同道合人士，當然會適時加以賜福，給予發展才能的機會，因此為貞吉。六二倘若變九二，晉卦便成為未濟卦，反而不利。所以發愁是應該的，心中有六五才不致毫無畏懼。只要記住坤卦六二的「直方大，不習无不利。」那就能夠貞吉了。

自己行得正，還要心中有領導的存在，才會貞吉。

三．六三得眾人信從志可行

晉卦（䷢）大象說：「明出地上，晉，君子以自昭明德。」晉卦下坤上離，有「明出地上」之象。君子看出「晉」的良好景象，加強自我修練，來顯現光明的盛德。這裡所說的君子，便是晉卦的卦主六五。「昭」是明的意思，「自昭明德」指六五自己表現出高明的品德，有才能的人士，自然敢於有所作為，並且堅持正道，以期為六五所賞識，而獲得展現的機會。若是推廣到一般人也都自昭明德，使得人群社會充滿了「德本才末」的風氣，讓好人出頭而奸佞（ㄋㄧㄥˋ）不敢妄動，那才是晉道光明。在這種情況下，離為南方的卦，君子真的可以南面而聽天下、無為而無不為，那就君明臣賢，皆大歡喜了。

六三爻辭：「眾允，悔亡。」小象說：「眾允之志，上行也。」「眾」指初六和六二，「允」的意思是信從。下坤以柔順為主，六三以柔居剛位，又是下坤的上爻，可以說順之又順，對六二和初六來說，具有領導作用，因此獲得六二、初六的信從，應該是理所當然，即使不當位，卻能夠與上九相應，而且鄰近上離，光明在望，象徵以柔順的修養，率領眾人（六二、初六）上附於大明君王（六五），符合晉卦的道理，當然沒有悔恨，所以說「悔亡」。大眾之所以信從六三，是因為六三有向上依附明君的意志。倘若六三率眾倒行逆施，有違明君賢臣的道理，那就是有違「晉」道，恐怕要悔而有憾了。卦中指出在什麼樣的環境裡、處於什麼樣的情況下，就應該做出合理的因應之道，此即《易經》六十四卦的共同法則。《論語．泰伯篇》中，孔子說：「邦有道，貧且賤焉，恥也。」此語應可視為晉卦的最佳註解。

（三爻變，成旅卦䷷）

晉 35 ䷢

六三，眾允，悔亡。

六三以柔居陽位，並非當位。但是下坤以柔為主，六三柔極，顯然成為六二、初六的領導，率領眾人向上依附賢明的六五，並獲得大家的信任。六三與上九有應，象徵有大老的支持，更容易得到老大的賞識。然而主要的原因，仍在於六三自己有向上依附六五的志向，所以「悔亡」。倘若率眾為非作歹、倒行逆施，那麼三爻由陰轉陽，晉卦成為旅卦，恐怕就要被放逐海外、無所安居了。

獲得眾人信服，自然心想事成。

四、九四外強中乾難獲眾心

在烈日當空的時候，大家最好在家稍事休息，等待風和日麗的良辰美景，再出外施展抱負。晉卦（䷢）離在上，象徵風和日麗，大地一片光明；坤在下，表示大家要順應當前的情境，及時展現才能。所以晉卦四陰二陽，陰爻的爻辭，以順為主，合乎晉道的要求，大多吉祥。九四和上九這兩個陽爻，都含有危厲的警語，提醒大家：邦有道，明君自昭明德，若是還在抱怨或發混帳氣，根本是跟自己過不去。這時候應該好好發揮坤卦「利牝馬之貞」的精神，才是正道。

九四爻辭：「晉如鼫鼠，貞厲。」小象說：「鼫鼠貞厲，位不當也。」九四以陽居陰位，當然不當位。「鼫鼠」是一種傳說中學藝不精的老鼠，正如我們常說的「樣樣稀鬆，沒有一樣精通」。像鼫鼠這樣的人，現代話可稱為「無一專長」，所貪的技能雖多，所能獲得的卻很少。「貞」在這裡，是堅持的意思。倘若九四失位，又為六五所乘，則有柔乘剛的劣勢。九四野心雖大，卻苦無才能；六五是明眼人，看得十分明白。在這種情況下，九四謹守本分，就能力所及，不做過分的爭取，倒也相安無事；若是堅持自己的野心，非上進不可，必有危厲。九四不當位，以剛居柔位，分明是外強中乾，卻自恃接近六五，有機會提出要求；偏偏六五不是昏君，對九四的不自量力又貪心求進，當然不能加以理會。一個人最好有自知之明，時代固然開明，到處有良機，但自己有多大的能耐，畢竟人人都心知肚明，何必死纏活纏，弄得大家都不安寧？所以安分守己，對九四而言尤為重要。

（四爻變，成剝卦䷖）

晉 35 ䷢

九四，晉如鼫ㄕˊ鼠，貞厲。

晉卦由坤卦演變而來，以順為主。九四和上九兩陽爻，剛而有危厲，要特別小心。九四陽居陰位，並不當位，雖然與初六相應，卻也顯得柔弱無力，好像鼫ㄕˊ鼠那樣，有理想而缺乏實力，樣樣想做，卻沒有一件能做得好。自認為與六五接近，反而被明君看出真面目，怎麼能不貞厲呢？這裡的「貞」，代表九四不自量力，仍堅持上進，以致招來危厲。四爻變，成為剝卦，顯然有剝落的警示，必須慎為預防。

凡事量力而為，不應該過分要求，以免招來危厲。

五．六五不自用無往而不吉

晉卦（䷢）明出地上，六五正是大家熱切期盼的明君。歷史告訴我們，治少亂多，好不容易有幸生逢國泰民安的太平盛世，只要具有良好品德又有真才實學，當然有機會施展才能，為人群社會做出有利的貢獻。晉卦的卦主為六五，以陰居陽位，顯然不當位，又與六二不相應，按理說並不可取，為什麼在晉卦反而可以充分發揮呢？

請看六五爻辭：「悔亡，失得勿恤，往吉，无不利。」小象說：「失得勿恤，往有慶也。」六五雖不當位，卻位居上離的中爻，與下坤的初六、六二、六三志同道合，使得失位的悔吝，全都因而消亡。以柔居剛位，象徵不自用，也就是無為。君王若能不自用，方可禮賢下士，提供眾人施展才能的空間。換句話說，「不自用」才能「發揮眾人的大用」。領導自認無知，自然激發眾人的有知；領導肯展現無能，眾人才敢於表現有能。領導自昭明德，使群臣各展長才，不必顧慮自己的得失，當然沒有得失的憂慮，所以說「失得勿恤」。「勿恤」即不需要顧慮，自然有幹部要去承擔責任。

晉卦（䷢）上卦為離，象徵光明。六五是上離的中爻，即為光明的主象。爻位雖有不當，若能自知進退，掌握無為而無不為的精神，以德服人並慎選賢能的幹部，必然諸事吉順而無所不利。但是六五的「吉无不利」，也是有條件的，必須做到「悔亡」，才有「吉无不利」的效果。時刻要以「自昭明德」為戒，處處把握「克己復禮」的原則，遠小人而親君子，不自用又能適才適用，知人善任，才能夠真正「往吉」而「无不利」。

（五爻變，成否ㄆㄧˇ卦䷋）

晉 35 ䷢

六五，悔亡，失得勿恤，往吉，无不利。

六五失位，卻由於居上離中爻，是光明的主體，因此獲得下坤六三、六二、初六的共同支持。只要明白不自用方能知人善任的要則，並且能夠自昭明德，親君子而遠小人，自然可以不必顧慮得失，放心地無為而無不為，以致無往而不利。六五是晉卦的主爻，能不能恆久保持正大光明，是六五最大的責任。必須時時警惕，務求不當位的悔吝都能夠消亡，才有无不利的良好效果。六五變爻，即成為否ㄆㄧˇ卦，值得提高警覺。

領導不自用，才能夠知人善任，吉无不利。

六、上九驕亢不能以德服人

晉卦（䷢）以日出地上、陽光普照為進升的象徵。告訴我們凡求上進，動機必須光明正大。為人群社會謀福利，務求福國利民，而不是貪圖自己的利益。尋求上進的途徑，也應該謹守正道，不走斜門歪道。處在「晉」的時代，以柔順為主，所以九四、上九兩剛，都有危厲。特別是上九，既不當位，又過中而驕亢，當然有極進而趨於衰敗的徵兆。

在晉卦，初六、六二、六三、九四，指的是有志之士求取上進的過程；而六五和上九，指的是明君的用人之道。六五以德服人，令大家心悅誠服，吉无不利。上九過剛，以陽剛居晉卦的極位，當然十分危險。我們且看上九爻辭：「晉其角，維用伐邑，厲吉，无咎，貞吝。」小象說：「維用伐邑，道未光也。」果然是權力使人腐化。賢明的六五，嘗到了「近悅遠來」的好滋味，一步一步鑽入牛角尖，認為自己可以放心地為所欲為，結果引起諸侯的懷疑而不再心悅誠服。上九「晉其角」，角在頭上，表示晉道已經走到盡頭，沒有其他方法可想，只有動用殺戮的方式，以威勢來逼迫。因為殺戮不好聽，所以說「伐邑」，以討伐內部的紛亂，來象徵正當性。「伐」的意思，是整飭治理；「邑」是古代貴族的封地。「維用伐邑」，表示只有討伐才能整治。上九與六三相應，又以剛乘六五的柔，並非完全不可救治。只要一看到內亂的危厲，便趕快覺悟悔改，仍然有吉順的可能，而得以无咎。倘若「貞」（在這裡代表堅持）而不知悔改，那就會招致「悔吝」的惡果了。非用伐邑不可，就算成功，也是晉道不夠廣大的遺憾。

（上爻變，成豫卦䷏）

晉 35 ䷢

上九，晉其角，維用伐邑，厲吉，无咎，貞吝。

上九以剛居柔位，又是全卦的極位，顯然是剛過了頭，像鑽入牛角尖一樣，動彈不得。這種驕亢的態度，使原本心悅誠服的諸侯，也心生懷疑而不服。此時上九只好動用武力，雖然美其名為平定內亂，實際上仍然十分危厲。倘若能夠及時反省、悔改，仍然可以吉順而无咎。若是一味堅持非征伐不可，那就會招來悔吝了。上九變爻，即成為豫卦，可見若能及時改變心態，依然有己樂眾也樂的可能性。

不剛無以立身，然而過剛必然難以令人心服，必須適時調整。

我們的建議

1. 晉卦（䷢）由下坤（☷）上離（☲）組合而成，上卦離為日，下卦坤為地。日出地上，象徵進長。全卦初至四爻，說明順勢進長的途徑及要旨。五、上兩爻，則是領導的用人風格，往往由柔下而至傲慢無禮，日愈跋扈以致喪失人心。

2. 晉卦（䷢）的卦主是六五，雖然不當位，與六二也不相應，但是晉卦之所以成卦，主要在於賢明的六五，所以六五是晉卦的成卦之主，不一定要當位，也能當之無愧。

3. 天下無道，就算有晉升機會，也應該再三考慮，會不會因此招來凶禍？天下有道，便應遵循正道，尋求晉升的機會，以便有效地為人群社會做出貢獻。

4. 晉卦（䷢）的中間四爻，自六二到九四為下互艮（☶）卦，由六三到六五為上互坎（☵）卦。這上互、下互，構成了蹇卦（䷦），表示在太平盛世時，倘若上下不能同心，彼此難以和衷共濟，仍然會有行走險難的陰影，必須妥為處理才好。

5. 晉卦（䷢）的互卦，還有旅卦（䷷）、比卦（䷇）、剝卦（䷖）和未濟卦（䷿）的內涵，在解析晉卦時最好一併加以考慮，才能更加周全而深入，以獲得更多的啟示。

6. 晉卦（䷢）和明夷卦（䷣）既然相綜，我們最好把這兩卦合在一起看，從不同的角度來探討「日出地上」和「日入地中」的狀況，看看有什麼特別值得因應的地方，以便實際應用在日常生活當中，方能求得无咎。

《第六章》

怎樣看待明夷和晉卦？

明夷卦是道德的總代表，
人要處於逆境之中，才禁得起道德的考驗。

晉卦則為教育的總綱領，
人格養成，首重品德的不斷向上提升。

晉卦在先，透過教育力求精進；
明夷卦在後，檢視艱難中是否能夠守正？

君子只能隨機應變，不可投機取巧，
而隨波逐流並非合理應變，非君子所當為。

晉卦和明夷卦相綜，關係十分密切，
啟示我們道德與教育原是一體的兩面。

若是把地換成天，晉卦就會變成大有卦，
明夷卦則會成為同人卦，又將另有一番景象。

一、明夷為道德晉代表明德

明夷卦（䷣）下離上坤，象徵「明入地中」。君子看到這種自然景象，悟出「用晦而明」的道理，要深藏不露，以免過分精明而傷害大眾的感情。無為而治，反而更貼近群眾且更有親切感。古代帝王頭上戴著沉重的皇冠，前面有珠簾遮住視線，兩旁有棉球塞住耳朵，用意即在提醒帝王不能夠過分耳聰目明。再深一層想，即使是耳聰目明也不能毫無遮蔽，免得過分精明而令人擔心害怕，很容易就會陷入孤立無援的困境。道德的價值，實際上也在於「用晦而明」。唯有大智若愚，才能將心比心，包容不如自己的眾人。寬宏大量並不只是口頭說說而已，應該在具體行為上有所配合，才是真正品德修養良好的表現。

把明夷卦顛倒過來，或是將上下卦交換，就成為晉卦（䷢）。此時「明入地中」就變成「明出地上」。君子的心態，也由「用晦而明」一改而成「自昭明德」。《大學》說：「大學之道，在明明德。」「明德」是光明的素養，「明出地上」顯然是明德普照大地的美好景象。晉卦（䷢）坤厚在下，克承乾陽的明德；離明在上，正大光明地普照大地。當大地一片光明的時候，人們不可能有什麼隱私，比較容易各盡所能，而各取所需。世界大同的理想，在這種大前提下，也比較容易實現。

若是將明夷卦（䷣）和晉卦（䷢）合起來看，首先會發現這兩卦，都和我們的道德修養，具有十分密切的關係。不論我們所處的環境，是黑暗還是光明，既生為人，就應該重視自己的品德修養。然而目前社會上的實際情況並非如此，這又是什麼原因造成的呢？

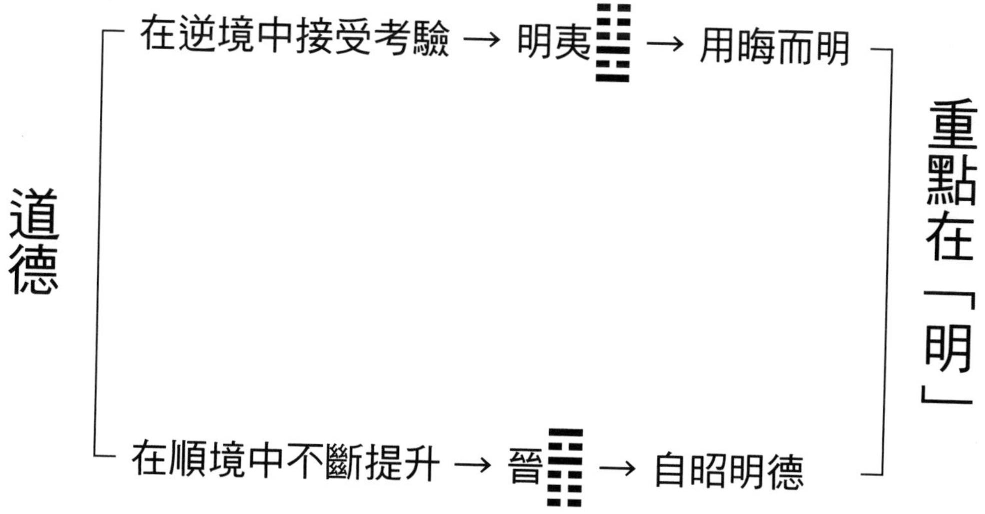
道德
在逆境中接受考驗 → 明夷 → 用晦而明
在順境中不斷提升 → 晉 → 自昭明德
重點在「明」

二、明夷是君子小人的分野

光明和黑暗交互更替，原本是自然的規律。明夷卦緊接在晉卦後面出現，也是理所當然而且勢所必然。「夷」的意思是受傷，「明夷」便是光明遭受毀傷，大地逐漸趨於黑暗。在這種變動的時期，君子和小人最容易分道揚鑣，各自走上不一樣的途徑。〈雜卦傳〉說：「明夷，誅也。」「誅」的意思，是良莠不齊。當日落西山、黑暗降臨大地，什麼都看不清楚時，立即有人企圖混水摸魚，但也總有人堅持誠正的原則而絕不動搖。於是各有選擇，表現出各不相同的生存之道。

大白天時，大家看起來都像正人君子；一到晚上，便有人忍不住想偷雞摸狗。同樣是人，要成為君子或小人，可以由自己決定。但是，倘若沒有外界的變化，又怎能知道自己的決定會是什麼？能不能禁得起考驗？也無法進一步體會自己的決定到底是什麼滋味？和當初想像的是否一致？明夷卦（䷣）便是最有效的檢驗器，端視其因應之道，便知君子和小人有何區別？禁得起多久的考驗？

大地黑暗之時，固然行動有所不便，但只要自己心地光明，至少可以仿效草木過冬的方式，棄掉樹葉而保存根部。周文王當年遭遇商紂王無道，被拘禁在羑（ㄧㄡˇ）里時，仍能靜下心來演繹《周易》，後來終於脫離險境而治天下，便是依據明夷卦而行，因此在卦辭裡寫下「利艱貞」，以傳承寶貴的經驗。「日入地下」，實際上也是光明的前夕。此時君子會把握時間修養品德，以待光明來臨時能夠好好表現；小人則是禁不起考驗，只會混水摸魚。明夷可視為用來考驗小人的關卡，這樣的說法並不為過。

明夷 ䷣ 大地趨於黑暗
36

君子		小人
堅持既定原則 必須走上正道 倘若遭遇阻礙 寧可假裝糊塗 務求明哲保身 趁機修養品德	VS.	難免隨波逐流 趁機偷雞摸狗 為求功名利祿 不惜違背良心 反正一片黑暗 何不混水摸魚

三、適應環境不應隨波逐流

我們所處的環境，不斷地在變化當中。乾卦（䷀）大象說：「天行健，君子以自強不息。」環境便是天體運行不息的產物，君子效法天象，必須以剛健為體，以柔順為用，表現出用九剛而能柔的「群龍无首」精神，才能吉祥。坤卦（䷁）大象說：「地勢坤，君子以厚德載物。」充分提醒我們，適應環境的基本原則在用六，也就是「利永貞」。唯有永久貞固，時刻不忘仁愛，才合乎易道用中（合理）的要旨。

《論語・公冶長篇》記載：「邦有道，則知；邦無道，則愚。」國家政治清明時，好人應該出頭，這時要表現得很有智慧，把聰明才智用來為人群服務；國家動亂時，則應該裝傻，讓自己的光芒隱而不顯，才不致遭受刑罰。這種態度既不是消極退避，也不是不負責任，而是堅持自己的道德修養，絕不隨波逐流。

這裡所說的「愚」，當然不是愚笨，而是假裝糊塗。明夷卦（䷣）大象所說：「用晦而明」，實際上就是假裝糊塗，晦藏自己的賢明，以避免招來中傷或陷害。唯有如此，才能夠不改變自己的正直德行，卻得以應付所蒙受的大難。

《論語・子罕篇》有一段子貢和孔子的對話。子貢說：「有美玉於斯，韞匵（ㄩㄣˋ ㄉㄨˊ）而藏諸？求善賈而沽諸？」子貢用美玉來比喻孔子的學識豐富、道德崇高，卻隱居不仕，是什麼道理呢？孔子當然聽得明白，率直地回答：「沽之哉，沽之哉，我待賈者也！」一連說了兩次「沽之哉」，充分表現孔子有出仕的心意，只是苦無合適的機會，所以寧可選擇明夷的途徑，而不走晉卦的道路。孔子的言行一致，從此處可得到充分對照。

邦有道，則知；邦無道，則愚。

晉 ䷢ 35		明夷 ䷣ 36
合理晉升		環境不利
是好事情		暫時退隱
有好機會	VS.	假裝糊塗
不能放棄		避免犧牲
秉持正道		守時待命
提升品德		修養品德

四、明夷卦是道德的總代表

我們把明夷卦（䷣）當做道德的總代表，是因為明夷卦主張「用晦而明」，而道德的價值實際上也在於此。〈繫辭上傳〉說：「一陰一陽之謂道，繼之者善也，成之者性也。」一陰一陽的相互對待與作用，是我們所共同行使的大道。自然的變化都是善的，只因為人的立場不同、利害不一致，才產生善惡的分野。就道而言，繼承此道而開創萬物，可以說都是善的。萬物的性，包括人性在內，實際上都受到道的導引，只要自然而然，也就無不善了。儒家主張反求諸己，重視內省的功夫，主要即在喚醒我們原本就有的良知。

人人都具有道德心，卻未必有良好的道德修養。因為道德並非由順境產生，反而經常是從逆境中被激發出來的。明夷卦（䷣）下離上坤，表示內明而外暗。當時商紂王的昏暗，更對比出周文王內心的光明。從這種角度來看，商紂王的暴虐無道，未嘗不是一件好事。由於周文王的「利艱貞」，即使被困在羑里時有奸臣尤渾、費仲兩人時時暗算，也能夠以外柔順而內心光明（外坤內離）的氣度百般忍耐，並不改變自身正直德行，因而度過蒙受大難的逆境，終能表現出崇高品德修養，獲得百姓衷心擁戴，才促使興周滅紂這件善事得以完成。足證環境愈惡劣，愈能彰顯出道德的價值。大家總認為老實人吃虧，但只要反過來問：「倘若不吃一些虧，又怎能證明真的是老實人？」心念一轉，便不再怨天尤人了。

道德的任務，在於撥亂反正。如果不亂，要怎麼反正呢？良心是需要考驗的，時窮節乃見，生死之間，往往最能考驗出一個人的節操。

明夷 ䷣
36

- 道德由逆境產生
- 用晦而明
- 環境愈惡劣
- 愈能彰顯出道德的價值
- 撥亂反正
- 堅持正道
- 禁得起嚴苛的考驗

是道德的總代表

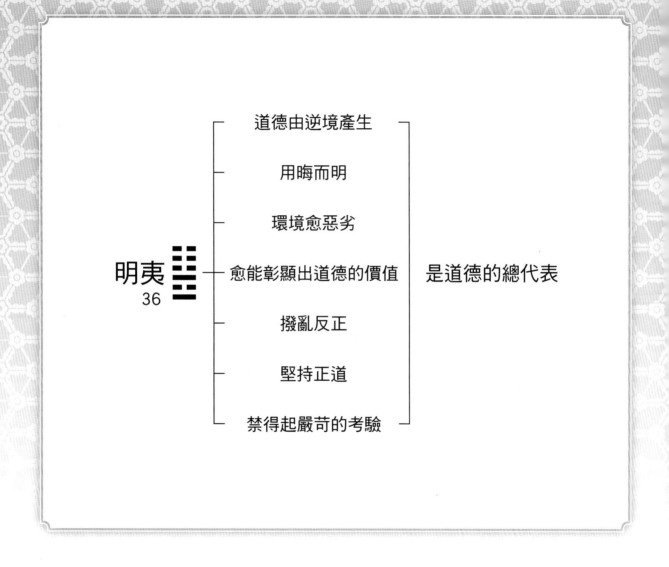

五、晉卦則是教育的總綱領

教育泛指教導和培育的過程。人的一生，都需要學習和運用各種知識和技能，所以都離不開教育的範疇。

晉卦（䷢）坤下離上，象徵「明出地上」。教育的功能，實際上即在啟發我們的潛能，把原本潛藏的本能透過各種方法，以不同的形式表現出來。尤其是晉卦的大象辭明白指出：「君子以自昭明德」，更是促使各人的明德得以弘揚光大。《大學》所說：「大學之道，在明明德。」「大學之道」就是為人之道，而「明明德」則是為人之道的第一要務，要依照順序，置於「親民」和「止於至善」的前面。「明明德」的「德」，含有「德行」和「德政」兩層意義。「德行」是指自己的品德修養，以及表現出來的行為態度；而「德政」指的是從事公務時，能秉公為民服務。換句話說，不論於私於公，都必須「明明德」。所以說「自天子以至於庶人，壹是皆以修身為本。」晉卦彖辭說：「順而麗乎大明，柔進而上行。」顯然是從「明明德」著手，然後「明出地上」，使明德普照大地，達到化民成俗的教育效果。晉卦（䷢）安排在大壯卦（䷡）的後面，就表示在既大且壯的時候，我們的智力、體力和能力都已經十分成熟，應該立公心，用善德來感化更多的人，才符合壯有所用的原則。將豐盛的物資，用來資助更多的人，而不是藉著大壯的勢力來欺負弱小。「晉」的用意，不但要進，而且含有深一層同心同德、協力齊進的要求。只有以晉卦的光明，做為大壯的正確指引，才不致使大壯的負面因素造成可怕弊病。要想感化別人，必先「自昭明德」——先教育自己，再擴大影響，以期能發揮良好的參考力。

晉 ䷢
35

- 明出地上
- 明明德有良好表現
- 自昭明德
- 能自省、自覺、自律
- 順而麗乎大明
- 發揮強有力的參考力
- 柔進而上行
- 收到化民成俗的效果

教育的總綱領

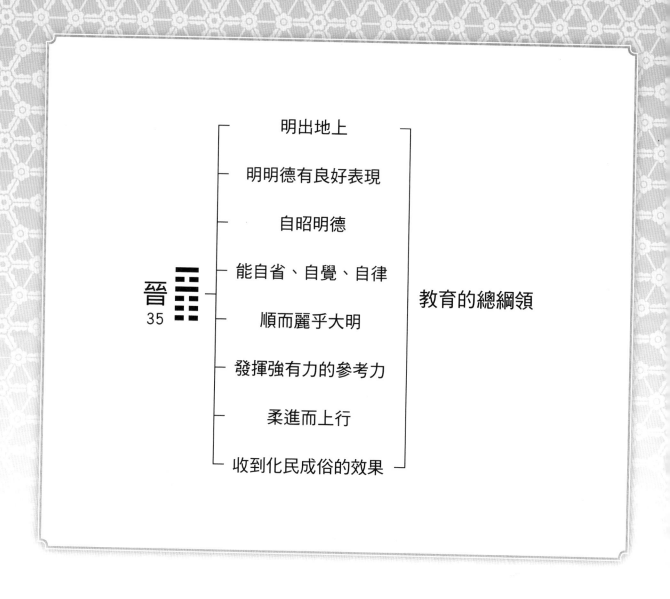

六、道德與教育為一體兩面

明夷卦（䷣）明火入於地中，象徵人的道德心被物欲所掩沒，有待自省、自覺、自律，而不斷增進自己的品德修養。晉卦（䷢）明出地上，表示君子「自昭明德」，已經將潛在的道德心激發出來，經由修身、齊家、治國、平天下的具體表現，以感化更多的人。可以說道德本身就是一種教育，而所有教育都應該以提升道德為目標。

「道」和「德」原本是不可分的，人由「道」而生，而行道有所得便是「德」；「教」和「育」也分不開，教化的目的，即在培育良好的品德。道德教育、教育道德，應該是人生為萬物之靈的總目標。透過明夷卦的激發，再經由晉卦的提升和發揚，促使人性的光輝得以在地球村普照。天下一家，人人敬天法地又能包容萬物，彼此和諧共存，才是人間的天堂。

管子說：「倉廩實，則知禮節；衣食足，則知榮辱。」然而，諺語卻不客氣地指出：「飽暖思淫欲」，果真是「一陰一陽之謂道」，有人如此，便有人如彼。晉卦的「自昭明德」和明夷卦的「用晦而明」，兩者共同的功能即在一個「明」字。邦有道則行，邦無道則晦，也才合乎「一陰一陽之謂道」的要旨。

人生在世，一方面要遵守自然規律，一方面要加強人倫道德。自然規律是萬物共同的準則，而人倫道德則是人類的最高信仰。人之所以為萬物之靈，主要關鍵即在於此。世間的道路，以正為合理；而正道的判斷，則是用道德來衡量。憑良心、立公心，應該是人類最高的共同信仰。各種宗教，實際上都在導引人們走上正道，以提升其道德修養。

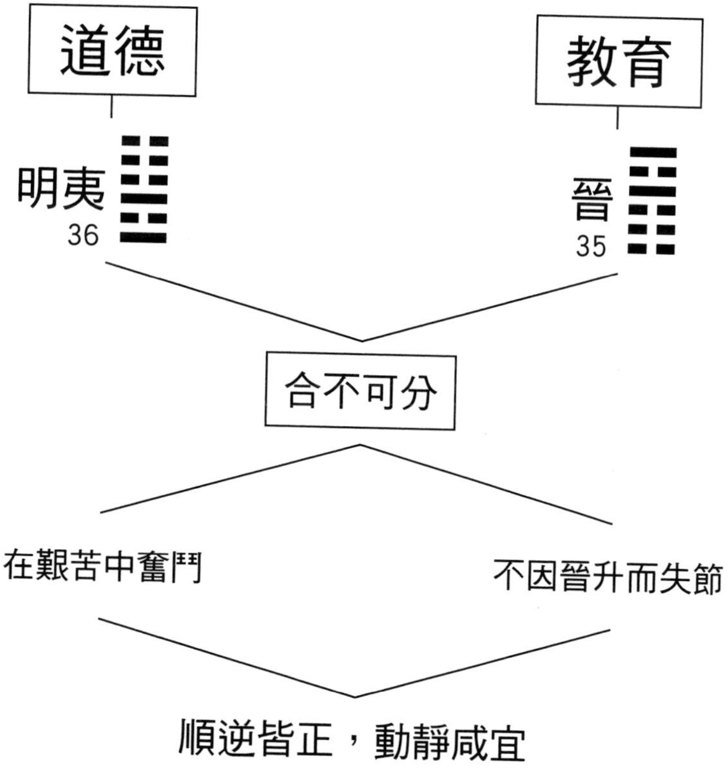
道德
教育
明夷
36
晉
35
合不可分
在艱苦中奮鬥
不因晉升而失節
順逆皆正，動靜咸宜

我們的建議

1 晉卦（䷢）日出地面，大放光明，象徵逐漸上升。社會不斷進步，務期達到各有所用、各適其所的大同世界，「使老有所終，壯有所用，幼有所長，鰥寡孤獨廢疾者皆有所養」。

2 大同世界，是由大有卦（䷍）和同人卦（䷌）而得名，在《禮記・禮運大同篇》中有明確的描述。現代的地球村，最好能以大同世界為目標，在求同存異的原則下，求大同小異，而非世界一同。如此一來，就比較容易獲得世界各國的認同，並將阻力大幅減少。

3 晉卦（䷢）日出地面，大有卦（䷍）火在天上。上卦同樣是火（☲），卻一在地上、一在天上，也就是不一樣的下卦，形成不相同的氣勢。然而晉和大有之間，必然具有密切的關係。

4 明夷卦（䷣）明火入於地中，同人卦（䷌）天和火志同道合、協力向上。下卦同樣是火（☲），但不一樣的上卦，則形成不相同的用意。彼此之間，必然也存在著相當密切的關係。

5 道德和教育既然是一體的兩面，而且共同的目標，都在促進世界大同，我們似乎應該把晉卦（䷢）、明夷卦（䷣）、同人卦（䷌）和大有卦（䷍）這四個卦合在一起，仔細揣摩其中的道理。期使人類的教化，得以順利地促進世界大同。

6 〈序卦傳〉說：「與人同者，物必歸焉，故受之以大有。」能夠與人和同，才有希望獲得大有。同人卦既然安排在大有卦前面，我們就順著次序，先來看看同人卦的內涵。

《第七章》

同人卦六爻 說些什麼？

「同人」的意思是和同於人，
人與人之間，保持和諧融洽的關係。

光明正大、公而無私，由自己做起，
這是「同人」的基本態度，必須堅定不移。

卸下心防，走出家門與外人打交道時，
只要稍為遭受打擊，便很容易掉入狹小的圈子。

理想很遠大，實現卻有實際困難，
不用急，一代一代推進，終有完成的一天。

全卦都以君子為主，並寄以厚望，
偶而有歹念，也應該及時省悟改正。

現代人若能細心玩賞同人卦六爻，
將會對地球村的早日完成產生良好助益。

一、初九出門同人光明正大

同人卦（䷌）象徵人際之間和諧融洽的關係，勾勒出一幅既美好又理想的世界大同藍圖。卦辭說：「同人，同人于野，亨，利涉大川，利君子貞。」「同人」是卦名，主旨在「同人于野」。「野」在郊外，而郊又在邑外，可見是荒郊野外，離開人群聚居的地方很遠。〈雜卦傳〉說：「同人，親也。」同樣是人，理應求同存異，互相尊重，以求和諧融洽。這種相親相愛的情誼，最好由親及疏，逐漸由家庭而社會，再推廣到相隔很遠的地方，即為「同人于野」。大家同舟共濟，既能亨通又能克服各種困難。但是目標必須正大，不應有邪念私欲，所以說「利君子貞」。

初九爻辭：「同人于門，无咎。」小象說：「出門同人，又誰咎也？」「門」指門戶，人與人之間，存在著各色各樣的門戶之見。心有心防，家有家門，國有國門，各種機構也都門戶森嚴，不許外人闖入。通常門內為私，門外為公。「同人于門」便是卸下自己的心防，走出家門和外人打交道。凡事立公心，秉公處理，所以无咎。初九陽居陽位，為下離初爻，象徵陽剛而光明磊落，與九四不相應，表示不存私愛。抱持這樣的心態，出外和同于人，還有什麼人會怨咎呢？所以，「出門同人」是邁開「同人」的第一步。初九光明正大、公而無私，正是「同人」的基本態度；人同此心、心同此理，則是初九「出門同人」所堅持的信念。如果配合乾卦初九「潛龍勿用」的原則，先在門內潛修一段時日，待準備妥當、時機合宜時，再走出門與人和同，應該不至於一到六二，便陷入「同人于宗」的狹鄙，而喪失志在天下所應有的恢宏胸襟。

同人 13 ䷌

初九，同人于門，无咎。

初九當位，是全卦的開始，象徵初次踏出家門，與外人和同。由於初九與九四並不相應，表示初九不存私愛而滿懷公心。抱持這種正大光明、無私無偏的心態，出外與人和同，當然无咎，更不會產生什麼不良的後遺症。與外人保持一種和諧的關係，不存心佔小便宜，也不耍手段令人吃虧上當，這是與人和同的基本原則。人人由自己做起，再逐漸向外擴展。

公正無私、誠懇待人，是同人的第一步。

二。六二同人于宗氣度不大

同人卦（䷌）彖辭說：「同人，柔得位得中而應乎乾，曰同人，同人曰：『同人于野，亨，利涉大川。』乾行也。文明以健，中正而應，君子正也。唯君子為能通天下之志。」同人卦（䷌）下離上乾，六二居下離中位，為卦主。由於六二以柔居陰位，又是下離中爻，所以說「柔得位得中」。六二與九五相應，而九五為上乾的主爻，柔得位而應乎乾，取名為「同人」。離代表文明，乾象徵剛健；下離上乾，即是「文明以健」。六二和九五都居中得正，彼此相應。「君子正也」，所以「利君子貞」。「通」和「同」意思相近，能通天下之志，便能大同天下人的心。倘若透過「乾」的健行，應該可以「同人于野」。

然而，人類並未真正「乾行」，且對「潛龍勿用」也不夠理解，所以未能充分實踐，以致一邁出家門，便陷入六二的困境。六二爻辭：「同人于宗，吝。」小象說：「同人于宗，吝道也。」同人卦（䷌）五陽一陰，初九、九三、九四、九五、上九，原都有意與六二和同，可惜六二心有所偏，只與九五相應。象徵初九初出家門，便遭遇許多料想不到的困難，所幸後來遇到同宗親戚給予協助，才安然度過難關，因此由大公無私，一下子掉入了「同人于宗」的門戶之見。「吝」為狹鄙，若是僅能與親近的人和同，怎麼不吝呢？《易經》通例，六二、九五各自居中得正，又上下相應，理應无咎才對，而且同人卦辭也是「亨」，為什麼六二會「吝」呢？這是因為同人的大環境，不容許六二僅止於專心和特定人士相應的緣故，所以才吝。因為卦所重視的是整體，而爻所說的則是此爻的特性，所以卦、爻辭不同，當然合理。

同人 13

六二，同人于宗，吝。

抱持誠懇、公正的心態出門與人和同，但由於種種原因，難免遭遇挫折，甚至於受到傷害。六二得位得中，又與九五相應，為什麼反而「吝」呢？那是因為對外人失去信心，產生和同的畏懼，而只敢和宗親和同，對同人的理想已經大打折扣，因而缺乏廣闊的胸襟，以致有所偏愛又心存偏私，當然吝了！出外人過分依賴宗親的協助，對同人來說是一種吝道，必須適可而止。此時唯有繼續擴大和同的範圍，走出小圈圈才能吉祥。

過度依賴宗親，勢必影響與人和同的進展。

三・九三伏戎以下犯上必敗

同人卦（䷌）大象說：「天與火，同人；君子以類族辨物。」同人卦下離為火，其性炎上；上乾為天，其氣上升。天與火的屬性同為向上，象徵同心協力、和諧融洽。君子看到這種自然景象，覺悟「方以類聚，物以群分」的道理。一陰一陽之謂道，表示社會人群中，有君子便有小人。君子與君子和同，可能是同舟共濟；小人與小人和同，那就是互相勾結、朋比為奸。同樣是「同人」，卻有利也有害，務必用心細察明辨。初九「同人于門」，立身正大；六二「同人于宗」，難免有所偏私。然而現實環境，有時不得不如此，令人甚感無奈。所以九三爻辭：「伏戎于莽，升其高陵，三歲不興。」小象說：「伏戎于莽，敵剛也；三歲不興，安行也。」九三以剛居陽，位於下離的極位，難免過剛而好勇鬥狠。九三下據六二，有心與六二和同，但是六二與九五相應，有門戶之見。九三氣不過，想以兵力劫持九五，但由於九五得位得正，又有六二相應，顯然是強敵。九三自己衡量並非九五的對手，不敢明目張膽去攻擊，只能埋伏兵戎於草莽之中，想要伺機突擊。「莽」即草莽，「高陵」則是高峰。九三攀登高峰，窺探九五的形勢，雖然有攻擊的心，卻缺乏攻擊的勇氣。拖延三年甚至於更久，還是不敢有所行動，所以說「三歲不興」。想攻又不敢攻，是由於門戶的習氣太濃厚，改也改不掉。「三歲不興」，代表大家都相安無事。雖然心中無奈，也只好各自安於現實的情況，而不敢採取激烈的反攻行動。「安行也」倘若改成問句，那就變成「如果長久以往，又怎麼行呢？」

同人 13

九三，伏戎于莽，升其高陵，三歲不興。

九三當位，又居下離的極位，難免有過剛的傾向而好勇鬥狠。由於以剛乘柔，所以對六二產生了近水樓台的感情，但是六二又與九五有應，並不理會九三。這時候九三竟然產生以兵力劫持九五的歹念，把軍隊埋伏在草莽之間，又攀登高山不斷窺探九五的情況。後來終於省悟九五與人和同的苦心，以致於三年甚至於更久，都不敢再有所行動，始終採取安於本位的態度，主要是受到九五的感召。

以下犯上，必敗；安分守己，對同人更加有利。

四、九四弗克攻已經有覺悟

同人的理想，是世界大同的基礎。《禮記．禮運大同篇》提出大致的構想，需要我們一步一步、實實在在地去實現。《易經》問世已經五千多年，大家研究同人之道，似乎一直受困於「同人于宗」而兜不出來。明明知道九三不可行，卻也始終不能死心；倒是九四的氣氛，好像愈來愈濃厚。國際間騎牆派很多，使得地球村有名無實，而許多問題則難以化解。

我們且看九四爻辭：「乘其墉，弗克攻，吉。」小象說：「乘其墉，義弗克也；其吉，則困而反則也。」「墉」為城牆，「乘其墉」即登上城牆。九四與初九不相應，位於上乾初爻，倘如變成六四，上乾就成為上巽，依〈說卦傳〉的觀點：「巽為高」，象徵九四高築城牆，把軍隊佈署在上面，根本用不著攻擊，只要防備著就可以了。由於九四陽居陰位，很可能心術不正，一旦看見九五與六二相應，竟然動了歪念頭，想以下劫上而奪其所好。正當把兵力調向九五時，才發現九五擁有龐大的軍隊，自己實在沒有獲勝的把握。「弗」是不的意思，「克」即戰勝，「弗克攻」便是進攻不一定能夠勝利。於是停下來觀望，心想若能挑起九三與九五的爭端，自己便可以漁翁得利。偏偏九三有自知之明，三年不興兵，而九四在這種情況下也搖擺不定，就像我們常說的騎牆派。大家還以為九四把以下劫上看做不義，才不進行攻擊，反而獲得服從義理的讚揚與支持，所以吉祥。在同人的大環境中，九四以剛行柔，覺悟以力服人的不可為與無效性，因而左右逢源，促使大家都不動武，實際上也有相當的貢獻。

同人 13 ䷌

九四，乘其墉，弗克攻，吉。

九四不當位，又與初九不相應，上有九五的誠心感召，下有九三的不懷好意，很可能採取隔岸觀火的心態，而成為我們常說的騎牆派。「墉」為城牆，「乘其墉」則是把軍隊佈署在城牆上。「弗」為不，「弗克攻」便是在看到實際狀況後，九四自忖打不過九五，因而停在那裡觀望。為什麼九三不言吉，九四反而為吉呢？因為外人不知道真實的情況，還以為九四是明白義理、依循正道而不敢攻擊，所以稱吉祥。

覺悟以力服人的無效性，才能真誠地以德服人。

五．九五相遇以公理克爭端

同人卦（䷌）安排在泰卦（䷊）和否卦（䷋）的後面，主要是人類對於泰否的變化，深感不安。深知要順泰去否，必須大家同心協力，於是興起同人的意識，以期順應泰否的變化、濟時運的窮通，而減少起伏不定、忐忑不安的憂慮。實際上泰否的關鍵，在於一個「公」字。大家立公心，使公理獲得伸張，自然人同世泰，可以避免乖異致否。

同人，同人，意思是同樣是人，為什麼人心不同，難以收齊？要轉化成彼此同心，最好看看九五爻辭：「同人，先號咷而後笑，大師克相遇。」小象說：「同人之先，以中直也；大師相遇，言相克也。」「號咷」是大聲痛哭，表示為求與人和同，必須推誠布信以結合人心。但是人心險惡各懷鬼胎，難免歷盡艱辛、備受痛苦，以至於大聲痛哭。到了情投意合、同心相應時，那就笑逐顏開了。「大師」指九五陽剛居中，與六二相應，形勢極佳，有如擁有龐大軍力，足以威鎮群雄，使九三、九四知難而退，轉而相遇和合。同人之所以先大哭而後歡笑，在於以公理克服爭端，並不是真的動武以力服人。「中直」表示心中誠信正直，並非裝腔作勢或者口是心非、虛偽待人。「大師克相遇」，大師是九五長期與人交往所培養出來的高尚聲望，對眾人來說有如龐大的軍力，令人心悅誠服而不與爭奪，於是化干戈為玉帛，使九三、九四都回心轉意。同人之先的純正動機，成為九五先哭後笑的遇合力量。以德服人而非以力服人，才能真正同人，也才有長治久安的可能。

同人 13 ䷌

九五，同人，先號咷ㄊㄠˊ而後笑，大師克相遇。

九五當位，居上乾中爻，又與下離六二相應，形勢極佳。有如擁有龐大軍力，也就是大師，足以克服九三、九四的野心與阻礙，使其知難而退，轉而相遇和合。然而，同人的先決條件，在以至誠令人心悅誠服，不能訴諸武力。這裡的大師，應該是指九五長期以德服人所培養出來的高尚聲望。由於人心不同、各如其面，必須備極忍耐、歷盡艱辛，以至於大聲痛哭。後來以公理克服事端，這才笑逐顏開，喜在心頭。

九分努力還要加上十分忍耐，同人才得以遇合。

六、上九同人于郊志未得也

依易理通則，「同極漸又生異，異極逐漸求同」似乎是不易的自然律。同人卦（䷌）由初九「同人于門」，倘若變成初六，即成為遯（ㄉㄨㄣˋ）卦（䷠）。下離變為下艮，〈說卦傳〉以艮為門闕，表示不在室內而在大門，象徵光明正大地走出去。到了上九，爻辭說：「同人于郊，无悔。」同人卦的卦辭明明指出「同人于野」，目標十分遠大，但如今走到上九，居然只走到「同人于郊」，也就是走到門和野之間。離開家門有一段距離，總算來到了郊外，然而距離野地的目標，仍然相當遙遠。說是「无悔」，實在是聊以自我安慰。所以小象說：「同人于郊，志未得也。」真正的同人，當然是與大自然保持和諧的關係，也就是做到天人合一，需要一步一步逐漸展開、擴大。從混沌初開，原始人類凡事順乎自然，並無人為的造作，到後來人們逐漸自行創造，有順有逆，世運才開始有否（ㄆㄧˇ）有泰。聖人立道，即在喚醒我們：人類具有創造力和自主性，也應該兼顧侷限性，必須以人倫道德來配合自然規律，彼此互助，負起「贊天地之化育」的神聖任務。同人卦的人道，也就是九三、九四兩爻，和乾卦（䷀）的人道相似。乾卦九三「終日乾乾，夕惕若厲」；同人卦九三「伏戎于莽」，應該用以安行，不能夠搞錯對象，弄得沒有辦法安行。乾卦九四「或躍在淵」；同人卦九四「乘其墉」，應該力促小人反省來歸，卻大多會錯意，把自己當成騎牆派而觀望取巧。九五「先哭後笑」，比預期的「飛龍在天」，尚有很大距離。上九之志雖未得以實現，但由於人性的自我修為不足，盡人力，也就可以无悔了！

同人 13 ䷌

上九，同人于郊，无悔。

上九位於全卦上端，象徵同人之道已將窮盡。但是同人卦辭以「同人于野」為目標，而上九卻僅能做到「同人于郊」，表示距離同人的理想，仍有一段遙遠的距離。「无悔」是用來勉勵大家的話語，只要盡了力，不論結果如何，實在不必介意。只要能夠一代比一代進步，一代比一代大公無私，相信世界大同的理想，終將得以實現。

和同之志尚未實現，大家仍須繼續努力。

1《禮記》是儒家經典的一部分，記載上古的禮俗儀式和一套理想的建國制度。最重要的是透過和平的教化方式，培養每一個人健全的心理與合理的行為。由小我擴充到大我，從自己做起，並擴大影響到全體人類。

2《禮記．禮運篇》記載：「大道之行也，天下為公。」指出大道實現的時代，必須以天下為天下人所共有，實在是現代地球村的共同目標。一切為公，人類才能共享資源；互助合作，人類和平發展的願望也才得以實現。

3人類倘若能竭誠相處，便沒有勾心鬥角、損人利己的陰謀發生，也不會出現劫奪偷竊、殺人越貨的勾當。就算有門窗的設置，也只是便利出入、阻擋風雨，並不是為了防禦歹人，而這樣的世界，便是大家心嚮往之的大同。

4孔子指出：自夏商周三代以來，大道既隱，天下為家。當今地球村的理想能否實現，應該是我們的事情。看了同人卦（䷌）之後，是不是要接著探究一下大有卦（䷍）的真義，當然也由我們來決定。

5同人、大有，合起來便是大同。大家都是人，理應同享大有的收穫；大家都富有，人類才能和諧融洽、共存共榮。同人必須結合大有，大同世界才可能真正實現。

6人類一出生就不平等。我們既認為大家都是人，就應該盡力促使人人平等。然而，真正的平等，其實就是合理的不平等。可惜長久以來，我們似乎都搞錯了！

《第八章》

大有卦六爻說些什麼？

大有是大獲所有、既大且通，
而同人的最佳成果，便是所有者大。

大有得自同人，所以要和大家分享，
大家都有，更加堅定同樣是人的信念。

同樣是人、大家分享，即為大同，
大同世界，是同人大有的良好成果。

富不過三代，是大有的高度警示，
初九「无交害」，一開始就要謹慎小心。

六五是卦主，柔居尊位，必須信乎天下，
地球村的主流文化，應該廣大包容才好。

人類先要自覺、自律才能自主，
高度自主的全球化，當然吉无不利。

一、初九无交害艱難才无咎

大有卦（䷍）緊接著同人卦（䷌）出現，表示大有是同人所得到的收穫。大有既然是大獲所有，當然也應該大家都有。把同人的佳果，給予大家共同分享。卦辭說：「大有，元亨。」大有是卦名，而「元」為大，「亨」即通，有辦法維持大通的局面，才算是真正的大有。大有卦（䷍）乾下離上，離為火為日，乾為天。日在天上，普照天下萬物，有陽光便有雨水，萬物得以欣欣向榮。乾為大業，離即盛德。〈繫辭上傳〉說：「富有之謂大業，日新之謂盛德。」有盛德必有大業，大有也可以解釋為所有者大，分享大富有。

初九爻辭：「无交害，匪咎，艱則无咎。」小象說：「大有初九，无交害也。」初九陽剛當位，處於大有初位，顯得偏而不中，與九四又不相應，難免滿而自溢，認為時機良好，日子很好過。「交」的意思是近，「无交害」表示沒有近憂。既然如此，怎麼能產生遠慮呢？在大有初期，便缺乏遠慮，很容易招致後患。有後患當然就有咎，不可能无咎。「匪」即非，「匪咎」指原來有咎的，變成无咎。最好的辦法，便是回顧大有的美景是如何構築的？其過程的艱難，應該歷歷如在眼前，因為萬物的生長、收穫，實際上都備極艱辛。想到這裡，自然明白初九「无交害」，用意在提醒大家要慎防後患。初九離開卦主六五相當遙遠，似乎孤立無援。必須回想乾卦初九「潛龍勿用」的警語，記取艱辛的教訓，千萬不要滿而自溢，才能夠无咎。「匪咎」並不是一大有便能獲得无咎，富不過三代，初九「无交害」的警示，必須切記在心，才能无咎。

大有 14

初九，无交害，匪咎，艱則无咎。

「无交害」的意思，是指沒有近憂。初九陽剛當位，與九四並不相應，難免滿而自溢，和卦主六五又相距很遠，似乎孤立無援。在這種情境中，沒有近憂通常也缺乏遠慮，必然有咎，怎麼可能无咎？可見「匪咎」是原來有咎的變成无咎。最好的辦法，便是回想一路走來的艱辛歷程。大有得來不易，必須記取乾卦初九「潛龍勿用」的警示，不要自己害自己，這也是「无交害」的一種警惕。不因自滿而自溢，唯有如此，才能无咎。

處大有初期，記取艱辛的歷程，有遠慮才能无咎。

二。九二大車以載往而无咎

大有卦（䷍）彖辭：「大有，柔得尊位大中，而上下應之，曰大有。其德剛健而文明，應乎天而時行，是以元亨。」大有是卦名，元亨為卦辭。下乾上離是大有的卦象，全卦五陽一陰，依據物以稀為貴的原則，六五成為全卦的卦主。六五柔居陰位，居於上離的中爻、全卦的尊位，所以說「柔得尊位大中」。上下各陽爻，都與六五應合，以一陰爻而包容眾陽爻，所獲者大，因此稱為「大有」。下乾剛健，上離文明，是大有的卦德。六五與九二相應，所以說「應乎天而時行」，也就是按照時序而行動。春華秋實，因而得以大通。

九二爻辭：「大車以載，有攸往，无咎。」小象說：「大車以載，積中不敗也。」古代以人力推拉的為小車；用牛拉動的叫大車，也就是牛車。九二以陽剛居下乾中位，象徵堅牢的牛車，可以載重致遠，又與六五相應，所以「有攸往」而「无咎」。「積」為堆積，牛車上堆積很多東西，在路上行駛也不致顛覆掉落，可見牛車堅牢、裝載得宜，而且路面也經過整修，平實易行，還能夠負重不陷。「積中不敗」看似簡單，實際上是經過很多努力，才能有這樣厚實的根基。九二體健而柔中，象徵位雖不當，只要剛而能柔，仍然可以得中。九二變爻，即成為重離（䷝），一片光明。表示生逢大有之世，要有犧牲小我、完成大我的精神。「大車以載」象徵為了執行六五的命令，當然有所往而无咎。由於九二不當位，恐怕我們擔心其有咎，所以這才特別提示无咎，希望大家能秉持中道精神，即使不當位也用不著擔心，因為无咎。

大有 14

九二，大車以載，有攸往，无咎。

九二以陽剛居下乾中位，象徵堅牢的大車，也就是用牛拉動的牛車。陽居柔位，表示剛中有柔，可以負載重物，又與六五相應，好像奉六五的指令，載重致遠，因此有所往而无不利。由於九二並不當位，唯恐大家擔心其有咎，這才特別提示无咎，希望大家能秉持中道精神，不用擔心當不當位，都得以无咎。

遵守大家分享的原則，不會有什麼後遺症。

三、九三用亨切戒心生不軌

大有卦（䷍）大象說：「火在天上，大有；君子以遏惡揚善，順天休命。」大有卦（䷍）下乾上離，乾為天，離為火。大象辭不說天在火下，而說火在天上，是由於天原本很高，火在其上則表示火也很高。君子看到這種自然景象，悟出聖人在上，指引萬民甚至於子子孫孫，有如火在天上，光照萬物的道理。君子重視修德，理應遏止邪惡、表揚善良，體會上天的好生之德，明白惡能害生、善能益生的道理。「休」是美好的意思，「順天休命」即是順應上天完成美好的使命。君子遏惡揚善，實際上就是遵行上天的美好意願。

九三爻辭：「公用亨于天子，小人弗克。」小象說：「公用亨于天子，小人害也。」九三在古代，象徵王公的位置，以剛居陽位，屬於當位的爻，下有初九、九二做為厚實的根基。當大有之世，擁有資財可以像天子那樣祭祀，所以說「公用亨于天子」。九三位居下乾的極位，似乎有向天子分權的意味。倘若是小人，便容易心生不軌，反而「不克」，也就是不應該如此。九三當位，象徵並非小人。爻辭不過是一種警示，提醒九三千萬不要得意忘形，而使自己成為小人。還有一種可能，那就是九三得罪了小人，向六五打小報告而引起六五的懷疑，這豈不是被小人所害？無論如何，九三為了謹慎起見，即使是王公，也應該向六五有所奉獻，以表示忠誠。「弗克」是不能做到這樣，以免被懷疑為心生不軌的小人。那時候九三就算是被害者，也不能把責任完全推給小人，自己應該反省，為什麼不能夠誠心與六五分享？

大有 14

九三，公用亨于天子，小人弗克。

九三象徵王公的位置，以剛健居陽位，下有九二、初九的支撐，表示資財的根基厚實，有能力比照天子那樣祭祀天地和祖先，所以說「公用亨于天子」。「小人弗克」是指倘若是小人的話，處在這樣的情境，很容易心生不軌，反而「不克」，也就是不應該如此。就算九三不是小人，也可能有小人向六五打小報告，以致九三遭到懷疑。最好的辦法，是向六五有所奉獻，以表示忠誠。

富可敵國時，必須低調，以免引起猜疑。

四・九四匪其彭要自我節制

大有卦（䷍）火在天上，與同人卦（䷌）火在天下，兩者有什麼不同？火在天下，所重在人道。九三、九四倘若缺乏同人意識，九五很可能笑不出來。火在天上，更加重視天道。由於天道必須藉助人來表現，所以大有卦六爻，大致均衡發展。初九艱則无咎；九二大車以載无咎；九三君子將財富用於公則亨，小人自肥則害。上離三爻，九四不過盛可得无咎；六五以誠信自然威嚴，可獲吉祥；上九更是自天祐之，吉无不利。當然，全憑人力，並不一定能做得到。

九四爻辭：「匪其彭，无咎。」小象說：「匪其彭，无咎，明辯晳也。」九四以剛居柔位，象徵剛健而失位，很容易不甘寂寞而走上旁門左道。「彭」就是旁，「匪」即非，只要不走旁門左道，九四就不致造成什麼遺憾，所以无咎。九四上面是柔弱的六五，下面則是足以分六五大權的王公。九四究竟該投靠柔弱的天子，還是趁機鼓動權壓天子的王公呢？按理九四和六五同屬上離，其光明主要來自六五，當然以不鼓動九三為宜。「彭」也可以解釋為鼓動的聲浪，所以說「匪其彭」也就是不鼓動，因而无咎。「晳」是膚色潔白，「辯」即辨別。「明辯晳」便是明辨得十分清楚明白，好像哲人那樣。「晳」也是「析」，釋文又作「哲」。分析事理，明辨是非，不致走上旁門左道。「彭」又可以解釋為盛大，明知自己不當位，卻硬要奢侈浮華。六五看在眼裡，倘若不加以制止，豈非縱容九三趁機奪權？因而先對九四施加壓力，那就不可能无咎了。九四不說吉，只說无咎，是含有深意的，必須細心體會為宜。

大有 14

九四，匪其彭，无咎。

九四剛居柔位，象徵剛健而失位，很容易不甘寂寞而走上旁門左道。「彭」即旁，「匪」便是非。只要不走旁門左道，九四就不會造成什麼遺憾，因而无咎。九四處於六五與九三之間，究竟要投靠柔弱的六五，還是要趁機鼓動剛健的九三呢？九四不說吉，只說无咎，原因就在於九四不當位，必須自我做好合理的調適，才能无咎。

有機會興風作浪時，更應該自我節制，才能无咎。

五、六五柔居尊位信孚天下

六五以柔居陽位，並不當位，但是柔中帶剛，又居上離的中爻。離卦（☲）中虛，上下都是陽，當中一陰。火能發光發熱，其實全靠這一陰爻，只要這一陰爻燒盡，光和熱也就隨著熄滅，所以稱為「離」。大有卦（䷍）火在天上，同樣以這唯一陰爻為卦主，倘若失去作用，大有也就回歸於沒有了。初九「艱則无咎」，提醒我們大有原本是無中生有、歷經艱辛，才有了這麼多財富，千萬不要忘記當初的努力。六五爻辭：「厥孚交如，威如，吉。」小象說：「厥孚交如，信以發志也；威如之吉，易而无備也。」同人卦（䷌）的九五，還有龐大的軍隊，可以備而不用。大有卦（䷍）的六五，必須以誠信來服眾，就像三國時代的孔明，以一介文士統率天下無敵的關羽、張飛、趙雲那樣，全憑誠信二字。「厥」是其的意思，「厥孚」便是六五的誠信；「交」為感動，「交如」表示六五以尊位而柔順待人，顯得十分誠信，深深地感動了所有的人。六五居上離中位，按《易經》通例，原應居中為吉，現在又與九二相應，獲得大力支持，自然呈現威嚴凜然的氣勢，所以吉祥。六五能夠以誠信交接和同於人，主要是以六五的誠信，來啟發其他五陽爻共同維護大有的意志。六五的威嚴，則是透過平易近人的方式，使大家無須戒備而自然產生敬畏。六五不施威力，其他五陽不致感受威力的逼迫，卻反而產生和施加威力同等的效果，甚至於還更好，這也是「一陰一陽之謂道」的具體證明。威而不用，才稱為「威如」，如同施加武力一樣，能夠使大家自然產生敬畏，方為上策。

大有 14 ䷍

六五，厥孚交如，威如，吉。

六五柔居剛位，為上離的中爻，稱為柔中。「厥孚」指六五的誠信，以尊位而柔順待人；「交」為感動，「交如」表示六五的態度，深深地感動了所有的人。全卦一陰五陽，六五一陰，感動了其他五陽，即使不施加武力，也能自然顯現威嚴，令人敬畏。六五原本居中為吉，再加上「交如」、「威如」，自然吉祥。

柔居尊位，最好能以誠信感化眾人。

六、上九自天祐之吉无不利

大有卦（䷍）名為大有，並不是以大獲所有為慶喜，而是以保持大家都有來共同勉勵。提醒大家，無論做任何事情，都應該固守本德，保持正當的操守，自然得到天祐，事事亨通，而且可以无咎。小富由儉、大富由天，所以上九爻辭：「自天祐之，吉无不利。」小象說：「大有上吉，自天祐也。」當我們大有的時候，千萬不要忘記得來不易，還要誠心謝天謝地。因為大環境如果不利於我們，就算再努力、再勤奮，恐怕也無濟於事。大富由天，並不是說會從天上掉下來一大堆財富，而是仍然需要我們勤儉樸實，一點一滴累積起來才有可能。但是上天倘若不保祐，也可能在一夜之間便由富轉貧，變得一無所有。「自天祐之」，並不是來自上天的保祐，因為天理即在我們的良心，天人合一就叫做天良。憑藉天理良心，才能夠保持大富有的狀態，否則富不過三代，怨天尤人也沒有用。上九下履六五，由於六五誠信，上九以陽剛居柔位，知道天之所助者順也，因而覺悟初九、九二、九三、九四之為六五所感動，證實人之所助者信也。於是上九置身度外，冷眼旁觀初九、九二、九三、九四爭附於六五，因而獲得上吉。大有上吉，便是大有的極位；以陽居陰，表示不以豐盈自處。天道忌滿，看到上九這種合乎天道的修養，自然福祐上九，使其獲得吉无不利的上吉。炎黃子孫稍有財富方面的收穫，便衷心感謝上蒼，並經常誠懇地謝天謝地，可見大有上九的啟示，對我們產生極大的影響。正所謂天助自助，盡人事後才能聽天命。

大有 14

☲☰

上九，自天祐之，吉无不利。

上九以陽剛居柔位，原本有乘陵六五的可能。看到六五以誠信感動初九、九二、九三、九四，上九深切體悟天之所助者順也、人之所助者信也，於是置身度外，冷眼旁觀初九、九二、九三、九四之爭附於六五，因而獲得「自天祐之，吉无不利」的上吉。上九位居大有的極位，以陽居陰，表示不以豐盈自處，乃合乎天道的要旨，因而「自天祐之，吉无不利」。

天道忌滿，人道忌全。自我約束而不以豐盈自處，才能吉祥。

我們的建議

1 大有的意思，是有天下之大。用意則是有大的人，千萬不可以自認為盈滿，以免滿而自溢。大有之後，緊接著是謙卦，即在告訴我們：大有收穫時，必須更加謙虛禮讓。

2 六五是卦主，九二居下乾中位，為下乾主爻。九二與六五相應，帶動初九、九三、九四、上九也都尊重六五。五大（陽）都為六五（陰）所有，因此稱為大有。

3 大有的人，必然大通。「自天祐之，吉无不利」，就是對有德人士的鼓勵。倘若是品德修養不好，也是無用。如果悟得大有之道，真心悔改、棄惡從善，倒也可以无咎。

4 治理天下，太剛容易導致變革，太柔則會遭受欺侮。大有六五剛柔並重、恩威兼施，使人懷德畏威，自然天下大治。君子大力支援，小人不敢輕舉妄動，才能維持大有的局面。六五誠信，是主要的關鍵因素，不可輕忽。

5 大有從無到有、由小而大，是逐漸發展且長期累積而成。既不是一時的功勞，也不是一地的成績。苟能一本誠信而堅持中道，就算是上九，也能遠離「物極必反」的慣例，而獲得「自天祐之，吉无不利」的上吉，值得慶喜。

6 大有和同人兩卦合起來看，便是大同世界的景象。當今地球村已逐漸形成，最好把這兩卦合在一起用心研究，必能找出大家可共同遵循的合理途徑。

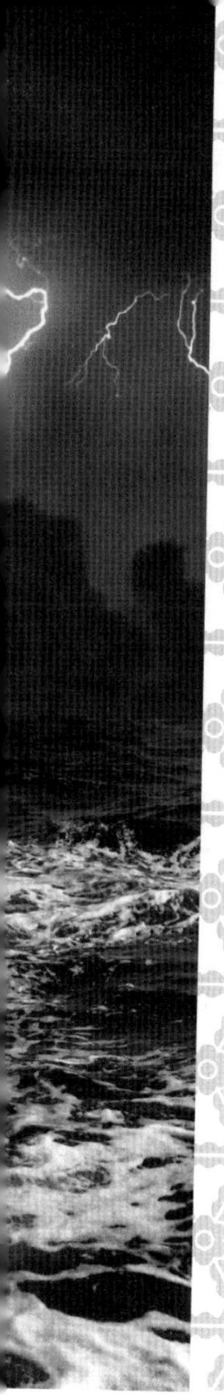

《第九章》

怎樣看待
同人和大有？

同人提醒我們：大家同樣是人，
最好將心比心、以誠相待、彼此互助。

大有進一步告訴我們：
既然大家同樣是人，最好大家共同分享。

因為大有是同人互助合作的結果，
不能夠由少數人來奢侈揮霍、暴殄天物。

同人在先、大有在後，合起來即為大同，
大家的努力成果，當然要讓大家一起共享。

同人和大有都是自然的道理，
過分人為或經常不合理，反而有害。

否時容易想起同人的好處，
不幸的是，大有時卻很難謙虛待人。

一、同樣是人最好大家都有

我們經常聽到這樣的感嘆：「同樣是人，為什麼差這麼遠？」倘若針對品德修養而發，可以說是良心的呼聲，十分珍貴而可愛。可惜大部分人，都是拿物質享受做為衡量標準，比來比去，才發出這樣的感慨，實在沒有必要。

同樣是人，不一定要享受同樣的物質生活，因為人各有志，何必勉強求其一致？何況各人的遭遇不同，物質生活的要求也未必相同，而能否達成願望，也不是人力所能夠完全控制的。因此，若要在物質生活上求取一致，不但沒有必要，而且也是不可能的事情。同人同人，未必同等享受物質的供應，也不一定產生同樣的感受，我們尊重各人的選擇。

但是既然生而為人，就應該克盡人的責任，不但要遵守自然規律，而且必須重視倫理道德。生而為人，首先要把自己和一般動物，拉開一段適當的距離，這就是人倫的始點。

實際上，也唯有道德修養，才是人所能夠自行控制的。《論語・顏淵篇》記載：「為仁由己，而由人乎哉？」道德修養必須一切反求諸己，所以《論語・述而篇》說得十分明白：「我欲仁，斯仁至矣！」然而，實際的情況卻是：「同樣是人，為什麼品德修養差得那麼遠呢？」若能有這方面的感慨，才彌足珍貴。

同人、大有合起來，即表示既然同樣是人，應該大家都有良好的品德修養。我們衷心期待地球村公民，人人都有這樣的自覺，並且付諸實踐。久而久之，《禮運大同篇》的理想，自然能夠逐漸實現。從此，地球上再也沒有對於地球村的抗爭，大家都能夠心悅誠服的，做到四海之內皆兄弟也！

同人 13

同樣是人，
為什麼差這麼遠？

- 各人有不同的物質生活，用不著比來比去，也不必求其一致。
- 彼此以品德修養互相勉勵，持續提升，日益精進。

↓

大有 14

大家都有，
不用著急！

- 要大家不必著急，就應該真正分享。
- 不患寡而患不均，彼此不應該差太多。

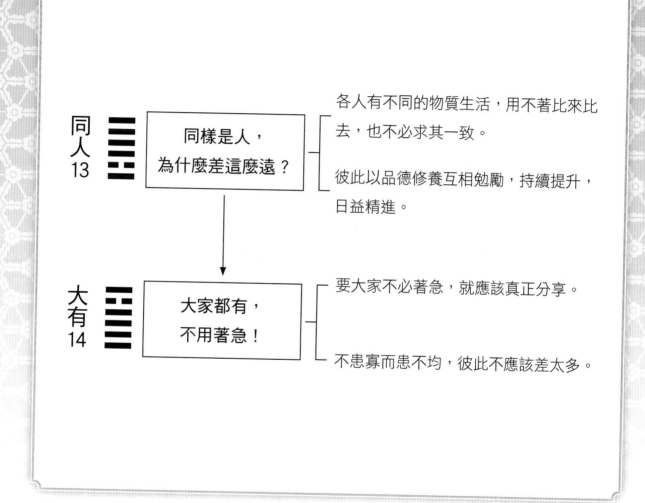

二、大家都有只能維持小康

近四百年來，隨著科技的發展，也激發人的慾望快速增長。影視傳播極力誇耀奢侈、豪華而又頂級的物質享受，不斷加強對於感官的刺激，以致人人物欲高漲，置禮義廉恥於不顧。此外，演藝人員無論台上台下，面不改色地做出負面示範，卻被稱之為時尚，令人不禁產生一種可怕的聯想，那就是：「愈時尚，即表示人和動物的距離愈接近。」

人生於天地之間，除了敬畏天地、感謝天地之外，還應該包容萬物，與萬物和諧共生。但是，人有責任成為萬物之靈，才能夠「贊天地之化育」，完成人所應負的使命。

動物只有本能，一切憑本能而行動，有感覺，卻不能自覺、自省而自律。但是人不一樣，上天使人的本性從「能」提升到「靈」的層次，周武王當年指出人為萬物之靈，便是後來孟子極力倡導人禽之辨的依據。人不能完全遵循本能而行動，必須自覺、自省、自律，才能夠享受靈性的自主。

上天讓我們一出生就不平等，即使是孿生兄弟也不完全相同，此舉使人類的靈性，能夠得到發揮作用的空間。在天生不平等的大前提下，要如何看待同人和大有，並做到合理的不公平呢？現代人應該心中有數，地球的資源有限，而人類的數量卻不斷增加，我們根本不可能極力滿足每一個人的需求，充其量只能維持小康的局面，況且每一個人的需求也不盡相同，所以不必求其一致。既然彼此共存，就應該互相尊重，在求同存異的大原則下，各盡所能而又各取所需。雖然看起來並不平等，但實質上卻是合理的不公平，這也才是真正的平等。

我們只有一個地球

↓

如果人人都要過豪華、奢侈的生活，至少需要五個地球的資源才足夠支應。

↓

大家只能過小康生活

舒適但不奢侈
凡事適可而止
但求心安理得
不盲目追求刺激
彼此求同存異
大家互相包容

只能追求合理的不公平

各人需求不同
不必求其一致
看似不平等
實際上很公平
先求盡其所長
再來各取所需

三、善與人同才能所有眾多

同人卦（䷌）離下乾上，〈雜卦傳〉說：「同人，親也。」彼此互相親近，稱為同人。在現代，我們把同一組織體的內部成員稱為同仁，只可惜每當我們口稱「各位同仁」的時候，心中卻常有一種「有些人根本不像同人」的感慨。然而，倘若大家都能夠善與人同，盡量和同於人，自然得以亨通。

大有卦（䷍）乾下離上，剛好與同人卦相反。〈雜卦傳〉說：「大有，眾也。」指出所有眾多，即稱為大有。卦主六五以一陰統蓄眾陽，象徵所有之大。而六五柔居剛位，原本並不當位，卻能夠以誠信服人，並具有威嚴，可說是充分發揮同人的無私與貞正的力量，所以吉祥。

《易經》的卦序，同人為第十三卦，大有為第十四卦。先同人而後大有，表示善與人同，才能得到大有的佳果。同的要旨，在志同道合；同的效果，在同心協力。一群志同道合的人聚集在一起，發揮同心協力的力量，結果大獲所有，這應該是可以預期的成果。倘若人結合在一起，心卻不齊而各懷不同的心思，有如同床異夢一般，那就不算同人，也不可能大有了。乾卦彖辭說：「乾道變化，各正性命，保合太和，乃利貞。」宇宙萬物由和而生，也共同生存在和的狀態之中，所以《中庸》說：「致中和，天地位焉，萬物育焉。」和的狀態，用現代話來說，就是各守其分、各安其位，而又各得其所。由這種狀態所建立起來的整體秩序，足以集結整體的力量，共同朝向統一的目標，其收穫當然眾多而大有。所以地球村的唯一出路，即為和平發展，其緣由在此。

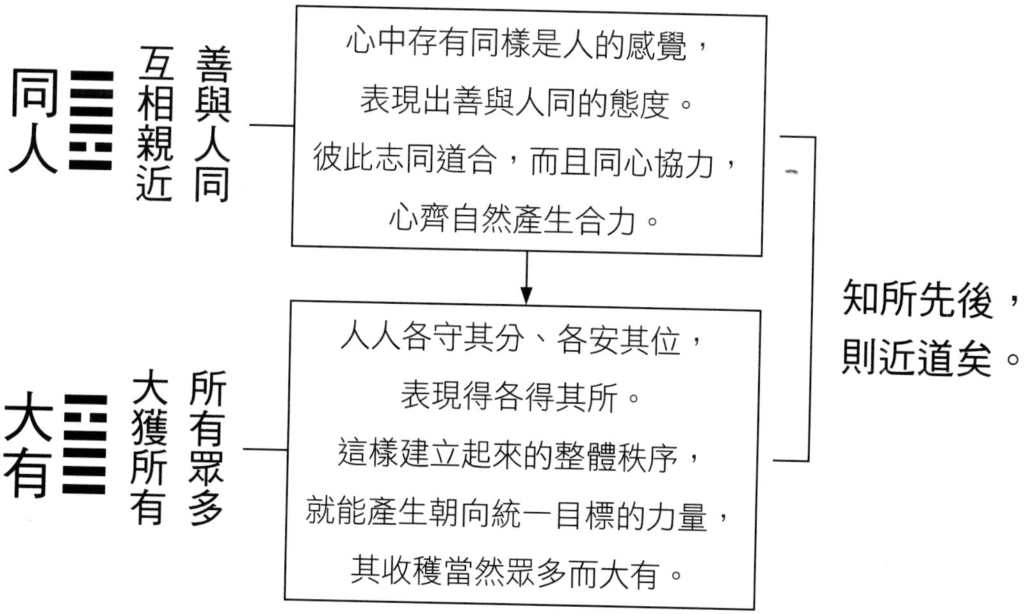
同人
善與人同
互相親近
心中存有同樣是人的感覺，
表現出善與人同的態度。
彼此志同道合，而且同心協力，
心齊自然產生合力。
大有
所有眾多
大獲所有
人人各守其分、各安其位，
表現得各得其所。
這樣建立起來的整體秩序，
就能產生朝向統一目標的力量，
其收穫當然眾多而大有。
知所先後，
則近道矣。

四、同人和大有是自然之道

同人和大有，必須建立在共同的基礎上，那就是「和」的狀態。自然和諧屬於天道，並非人為。〈繫辭上傳〉開宗明義指出：「天尊地卑，乾坤定矣。」這裡的天尊地卑，是天然的狀態，也就是自然的尊卑。站在自然的立場，尊就尊、卑便卑，並沒有什麼高下的比較，只有人心不平時，才會把尊卑拿來大作文章。所以，由天尊地卑發展成男尊女卑的結果，根本是人為的不妥，與自然無關。

當我們說「各位同仁」的時候，如果心中存有某些人根本不是同人的感受時，最好的解決之道應是反求諸己。〈繫辭上傳〉記載了孔子對同人卦（䷌）九五爻辭「同人，先號咷(ㄊㄠˊ)而後笑」的解釋，他說：「二人同心，其利斷金；同心之言，其臭(ㄒㄧㄡˋ)如蘭。」表示倘若兩人心意相同時，所產生的力量就好比鋒利的刀，可以切斷金屬；而心意相同時所說的話，就好像蘭花一樣芬芳，令人陶醉。所以，同人同仁，必須自然發自內心而上下呼應，才會產生良好的效果。

依據「一陰一陽之謂道」有入必有出的道理，大有必須配合大施，才能與眾人分享，發揮大有的功能。個人或少數人的大有很難持久，因為不能分享就勢必造成不平，而不平則鳴，社會就會動盪不安。現代媒體爭相報導M型社會的富豪生活，更是一種推波助瀾的負面效果。不用說那些明的抗爭，光是那種看不見、聽不到的咒詛，就已經多到難以抵擋，能不衰敗才奇怪！畢竟，屬於大眾的大有，才符合「同樣是人、不可以差那麼多」的同人法則，而社會均富，才能避免「不患寡而患不均」的潛在憂慮。因此，人人樂於同心協力，以期長久保持大有，便成為大家共同努力的目標。

同人 13　　大有 14

都是自然之道

以和為基礎

自然和諧，屬於天道。
發自內心，彼此呼應。
和而不同，互相尊重。
求同存異，和平發展。

大有必須配合大施

與眾人分享，有入必有出。
大有卻獨吞，勢必不持久。
M型社會不符合人性，
最好能合理縮短貧富差距。

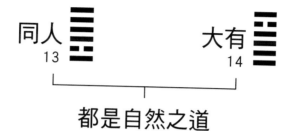

五・共同追求合乎道義的利

若是我們平心靜氣，就不難發現同人和大有，基本上都離不開對「利」的企求。對現代人而言，寡欲已經十分困難，要求無欲、去欲，則簡直不可能。《論語・憲問篇》記載孔子所說：「貧而無怨，難；富而無驕，易。」可見希望免受貧困的苦難，實在是人之常情。乾卦卦辭明白指出：「乾，元、亨、利、貞。」即在告訴我們：元、亨、利、貞是四種美德。〈文言傳〉特別加以解釋：「利者，義之和也。」義為宜，也就是合理。然而，合不合理的衡量標準是變動的，即使大家都為了求合理，卻也經常出現一人一義、十人十義的混亂局面。「義之和」，是指各人所認定的合理得以和合，獲得很大的交集，這樣的狀態，才是真正的有利。天地的大利，表現在陰陽中和，使萬物生長各得其宜。君子體會這種美德，自然與人和同而不相爭，因此處事得宜而合乎同人之道。達爾文發現物種以競爭為原則，為了求生存而不得不競爭的現象；中山先生則更進一步指出：「人類進化，已經高於物種的原則，必須為求生存而互助。」這種互助的原則，實際上就是同人之道。同樣是人，為什麼要像動物那樣彼此競爭呢？不如秉持人同此心、心同此理的法則，將心比心站在不同的立場考量，尋求大家都能接受的合理點，然後以分享的心態，讓大家擁有共同努力的成果。只要人人提升品德修養，共同追求合乎道義的利，在這種基礎上，同人大有的理想，應該很快就能實現。而網際網路有助於人類的交流，能增進彼此瞭解，進而朝世界大同方向前進，是上天賜給現代人的最佳利器。

利有兩種

- **合乎道義的利**
  - 「利者，義之和也」，這是合理的利。
  - 合乎道義，才能稱為正當的利。
  - 秉持人同此心、心同此理的法則，
  - 將心比心，尋求共同的利，
  - 並且合理分享成果，才是正利。
- **不合道義的利**
  - 求取利益卻造成人心不和，
  - 便不是合理的利。
  - 但合法的利，倘若不合於道義，
  - 也是不正當的利。
  - 合法而良心不安，便是為富不仁。
  - 為了避免不合道義的利所產生的惡果，
  - 世人最好能夠共同追求合乎道義的利。

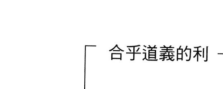

六・同人前為否大有後必謙

同人卦（䷌）的前一卦是否卦（䷋）。〈序卦傳〉說：「物不可以終否，故受之以同人。」否是閉塞不通，象徵流年不利、諸事不順。這時候怨天尤人，並沒有實際的功效，而且也沒有人願意長期處在否的狀態，因此窮極思變，就是最好的出路。或許心態改變，便能離苦得樂，由此想出同舟共濟、同心協力、同氣相應等求同存異的良策，並興起「同樣是人，為什麼要彼此競爭，弄得疲累不堪？」、「同樣是人，為什麼不互相合作、共存共榮？」的正向思考。只要不同流合污，保持和而不同的氣度，大家同甘共苦，應該就可以突破當前的困境。倘若真的「與人同者，物必歸焉」，那麼大有的佳果，誰不是與有榮焉呢？但是，〈序卦傳〉接著說：「有大者不可以盈，故受之以謙。」因為天道忌滿、人道忌全，所以大有之時必須緊記「有大而能謙」，才能夠保持得長久一些，讓大家喘一口氣。

大有卦（䷍）之後，即為六爻皆吉的謙卦（䷎）。〈雜卦傳〉說：「謙，輕。」謙是輕己尊人的意思。老子在《道德經》第二十八章明白指出：「知其雄，守其雌，為天下谿。」谿即山中的流水，象徵處下不爭的修養。雌雄原來是相對的，「大有」與「沒有」也是如此。先對「雄」的一面有透徹瞭解，然後站在「雌」的一面考量，不但能夠執持「雌」的這一方，而且可以運用「雄」的那一方，兩方兼顧，才能妥當地全面掌握。大有卦（䷍）初九「艱則无咎」，便是執持當初艱辛奮鬥的精神，才能維持大有的局面。由於人道、鬼神、地道或天道，都厭惡盈滿而喜好謙虛，因此守謙便成為了大有的必要修養。

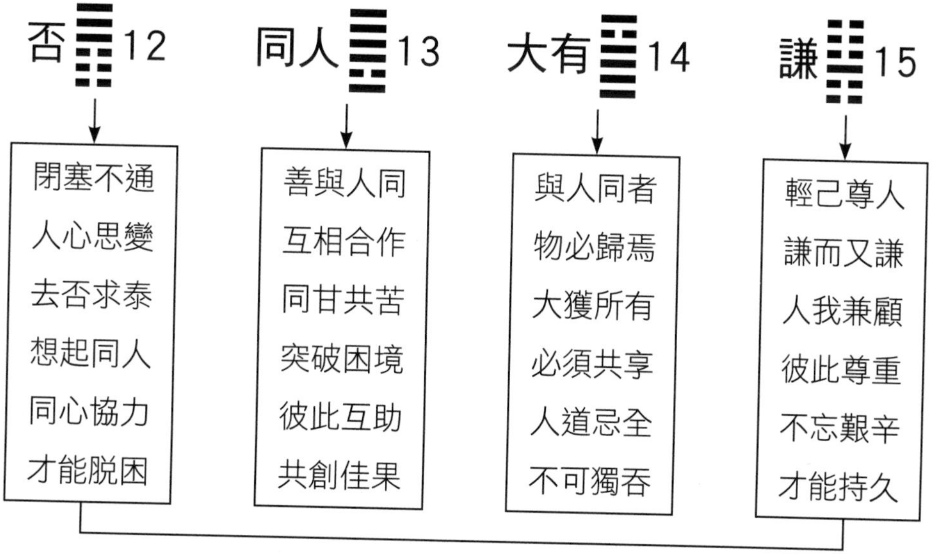
否 12
同人 13
大有 14
謙 15
閉塞不通
人心思變
去否求泰
想起同人
同心協力
才能脫困
善與人同
互相合作
同甘共苦
突破困境
彼此互助
共創佳果
與人同者
物必歸焉
大獲所有
必須共享
人道忌全
不可獨吞
輕己尊人
謙而又謙
人我兼顧
彼此尊重
不忘艱辛
才能持久

謙虛禮讓是大同世界的共同守則

我們的建議

1 同人卦（䷌）的主旨，在於倡導與人和同、互助而不競爭，以提升人性的尊嚴。六爻或相比或相應，都在彼此求同，並沒有哪一爻特別吉祥的。彖辭所說「同人于野」，是很高的理想，值得大家由親及疏、由近而遠，持續地奮鬥。

2 大有卦（䷍）五陽應一陰。陽為大，陰為小；陽代表富，陰代表不富。五陽為一陰所有，象徵富有的不一定能長期保有，反而不富的才能盡有其所有，所以稱為大有。意即不大其所有，才能擁有其大有，值得大家深思。

3 同人和大有，合起來就成為大同。現代地球村若想「自天祐之，吉无不利」，最好能參照這兩卦的提示來建立共識。在求同存異的大前提下同心協力，自然有良好的效果。

4 民主國家由投票方式決定最高領導人，所有施政不得不以自己國家的利益為優先考量，因此對世界大同造成很大的障礙。我們當然不贊成獨裁，但是開明的專制，也就是決定前很民主、決定後相當專制，應該是可行的方式。

5 經濟大國，請多研究大有卦。不是形式上的援助，也不是恃強凌弱、以大欺小。必須抱持著同人的心態，才能發揮善與人同的美德，來實現濟化他國的功能。

6 生活在優越的環境中，難免變得自私自利，只重視自己的利益，而忽視他人的感受。若是因而損害他人的尊嚴，以致招來怨恨和詛咒，終必自作自受，最好能夠及早思患預防。

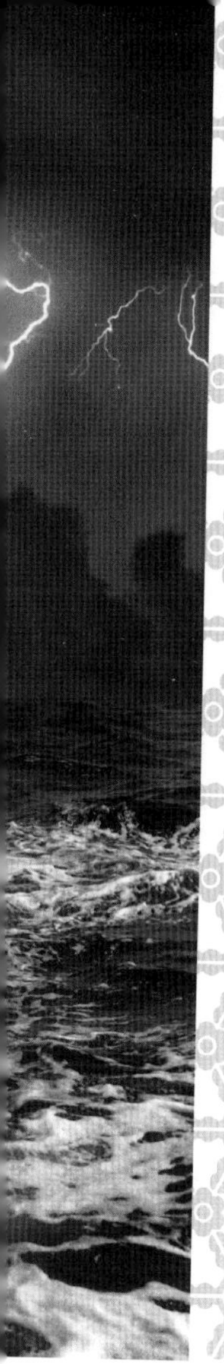

《第十章》

宗教
的真正功能為何？

我們站在《易經》的立場，
對宗教的看法是無可無不可。

完全尊重個人的自主性，
只要出於自己的真誠選擇即可。

因為所有的宗教，只有一個共同目標，
那就是為人們指引正確的光明道路。

宗教是那一隻指向道德的手，
最高的信仰，應該是共同推崇的道德。

宗教本身並非迷信，
但是信仰宗教的人士，卻經常陷入迷信。

只要能夠把持自己，信到差不多就好，
便不致掉入迷信的陷阱而無法自拔。

一・熱心宗教者的共同感嘆

「這麼好的東西，為什麼大家不知道珍惜呢？」

幾乎所有熱心於宗教的人士，都會對自己所信仰的宗教，發出同樣的不平之嗚！於是，明知自己並非神職人員，卻到處對他人推薦、介紹或牽引，即使所產生的影響十分脆弱乏力，卻也憑著一股控制不住的熱誠，充當起義務推銷員。

這些人忘記了「真正的好東西，根本用不著推銷」的自然律，而盲目相信「勇敢面對嚴苛無情的拒絕」、「真誠的力量可以感動鐵石心腸」、「真知是無知的救藥」……等人為的知識。即使弄到人人害怕而躲得遠遠地，仍然見人就推介且絲毫不放鬆，實在是精神可嘉，但卻不值得憐憫。

君政和仕強，都是台灣師大的同學。當時住宿的環境雖然不如現代，卻也都有牀位可睡、有桌面可以讀書。但是只要每逢星期日，卻反而要起得特別早，像逃難似地躲到安全的地方。因為如果留在寢室，不久便會有熱心宗教的人士前來勸導，要大家一起去做禮拜。起先是鼓勵，接下來便是恐嚇，語氣中有時還會帶有一些威脅。現在回想起來，心中仍對這些人士心存感激，由於他們當初的好意，才使我們迄今沒有宗教信仰，也始終不敢對任何人推介任何宗教。同時，對於「好心做壞事」有了更深一層的體會。否則以當年大家對留洋深造的熱切追求來說，到禮拜堂學英文、建立有利的關係，應該是頗為良好的途徑。不料這些熱心人士幫了倒忙，使我們幾十年來只要看到有人傳教，不論傳的是哪一門宗教，都趕緊躲得遠遠地。倘若躲不掉，便客氣地敬謝不敏，省了不少麻煩。

熱心宗教人士

神職人員

由於職責的擔負，
可以公開地傳教，
只要不威脅利誘，
我們都表示敬佩。
在合理時間場所，
做出合理的傳佈，
大家應該不排斥。

非神職人員

可以協助神職人員，
做一些相關的事務，
不必過分表示熱心，
以免徒然造成反感。
自己信什麼都可以，
不能勉強他人加入，
適當說明不應過分。

狂熱分子十分可怕

二．所有宗教大多殊途同歸

信仰是天生自然的，宗教則是人為的。

人類需要信仰，才會產生堅強的力量，否則猶豫不定，而讓機會稍縱即逝，豈不是一無所得！至於該信仰什麼？當然是天道，也就是自然的規律。因為人原本就是自然的一部分，怎麼能夠不順天而逆天呢？天與地分不開，所以天道也離不開地道。倘若只有乾元的創造，而缺乏坤元的落實，還不是一場空想！順天還需要應人，這是天人合一的大原則，因此天道和地道之間，還需要人道來串連。「王」字三橫，由下而上，分別代表地道、人道和天道，而當中的那一豎，便是人的努力，能把三者貫串起來，使其一以貫之。在這種狀態下所產生的力量，用一點來表示，即成為「主」字，表示可以做為自己言行的主宰。這種主宰的力量，來自天道與地道的自然，以及人道的道德。自然規律加上人倫道德，便成為我們共同的信仰，這就是真正的順天應人，絕不是迷信。

由於天道無言、天理難明，即使仰觀天象、俯察地理，仍然難以理解，因而產生很多疑惑和恐懼。此時宗教便應運而生，用來指引迷津並宣導天理。宗教可以說是一隻指向天道的手，只可惜很多人看到了手，竟然忘記了手所指的天道。

我們不反對宗教，因為對很多人來說，指引的手也十分重要。但我們不鼓勵大家信奉宗教，則是因為「教」這個字，很容易變成僵化的教條，並且造成宗教間的互相排斥。這種愈來愈嚴重的排他性，使人類長期以來，陷入了宗教的爭端而難以自拔。中華民族從來不為宗教而戰爭，實在是明智的表現。

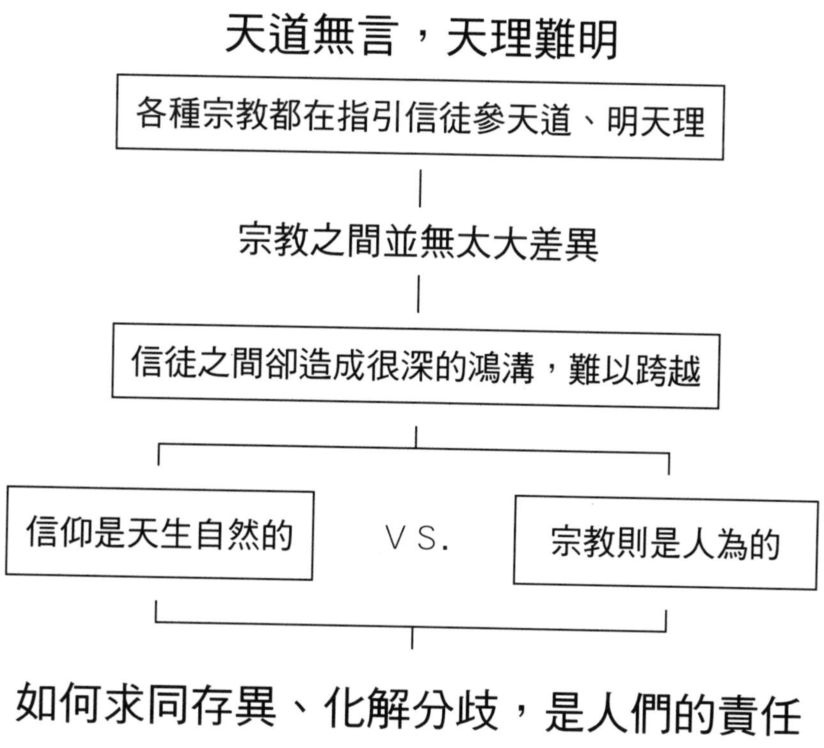
天道無言，天理難明
各種宗教都在指引信徒參天道、明天理
宗教之間並無太大差異
信徒之間卻造成很深的鴻溝，難以跨越
信仰是天生自然的
VS.
宗教則是人為的
如何求同存異、化解分歧，是人們的責任

三・祭祀是紀念德行非拜神

有人說中華民族喜歡崇拜偶像，實際上並非如此。我們之所以拜天地、拜祖先、拜歷代聖賢，都只是一種不忘根本的表示罷了。因為我們認為人類是由自然變化而來，與天地萬物同為一體，基於感念有天地而產生萬物，所以才拜天地，乃是謝天謝地的意思。由於祖先和子孫具有血緣關係，沒有祖先就不可能有子孫，所以祭拜祖先，不過是一種不忘本的心情，以及不辱祖先的宣示。至於祭祀聖賢，則是在紀念他們的德行，以激勵自己努力學習、仿傚，並沒有把他們當做神靈來看待。而歷代皇帝為功臣、烈士立祠，也無非是在紀念他們的功勳。古代典籍所稱的神祇，大致可分為天神和地祇兩種。天神包括日月星辰風雨雷雲，以及司命司中的神明；地祇則包括名山大川大湖的神明，以及家中的門、行、戶、竈、中五神。然而民間最敬奉的，當推司命和竈神。我們所崇拜的神靈，基本上都是沒有物質的精神體。〈繫辭上傳〉說：「唯神也，故不疾而速，不行而至。」「不疾」指不急，不急而自然快速；「不行」即不動，不動而自然到達，實在很神妙。〈說卦傳〉說：「神也者，妙萬物而為言者也」。「神」是指天地造化萬物的神奇功能，並沒有主宰萬物的用意。

人有生必有死，看到別人死了，必然聯想起自己遲早也會死，於是悲哀恐懼之情油然而生，希望能夠永生不死。後來發現永生是不可能的，便轉而寄望精神不死，因此藉著祭祀，來完成精神不死的期待。而唯一的辦法，便是以修身為本，提高自己的道德修養。不爭一時而爭千秋，希望能長久地活在他人心中，以達成精神不朽，並透過接受後世子孫的祭祀來求得永生。

中華民族崇拜的對象

天地

有天地然後生萬物，
人是其中的一種。
我們敬拜天地，
是感謝天地的意思。
經常謝天謝地，
作用和祭拜相同。

祖先

有祖先然後有子孫。
我們祭拜祖先，
不只是心中想起他們，
還要繼續發揚家風。
把它當作一種教養，
用行為表示不忘本。

聖賢

以聖賢做為典範，
其正直、節義、堅毅、忍耐，
都值得我們仿傚。
如果不希望接受戒律，
便要自覺而自律，
向古聖先賢學習。

共同目的在提昇自己的道德修養。

四、道德成為永生的好途徑

西方人求永生，走的是宗教的途徑，所以「信我者得永生」，成為令人心動的號召。而中國人求永生，走的是道德的路線，所謂立德、立功、立言三不朽，其實就是永生的方式，因為能活在後代子孫的心中。只要大家不忘記，成為祭祀對象者，便獲得永生。大家都記得某人，某人就雖死猶生，如此很容易永生。

倘若對立德、立功、立言沒有把握，認為標準很高不容易做到，也可以生一個兒子好好教養，使其品德良好而不忘本，能夠定期祭祀祖先。如此一來，自己也就活在兒子心中，至少能在家族中獲得永生。現代男女地位愈趨平等，養兒育女一樣好，只要能好好用心教養，不論活在兒子或女兒心中，其永生的美好結局都是一樣的，用不著再加以區分。

永生的主導權，掌握在自己手中，乃符合自作自受的人生規律。「我欲仁，斯仁至矣！」仁的意思是什麼？是安心。安什麼人的心？當然是安自己的心。心安理得，是人生最寶貴的目標。死得心安理得，便是好死。人生以求得好死為總目標，能時刻銘記在心，自然夕惕若厲而終日乾乾。乾卦的自強不息和坤卦的厚德載物，之所以成為中華文化的重心，和求得好死、得以永生的期待和實踐，具有十分密切的關係。而這整個過程，也都和道德修養息息相關，所以道德不但是我們的最高信仰，也是求得永生的有效途徑。《易傳》解經，不語怪力亂神，力求潔淨精微。〈繫辭上傳〉說：「顯諸仁，藏諸用，鼓萬物而不與聖人同憂，盛德大業至矣哉！」陰陽之道乃顯現於化育萬物之仁德，並潛藏於生成萬物之功用，催生萬物卻不像聖人那般憂慮，如此盛德大業真是到了極致！

祈求永生是人類共同的期望

西方人走宗教途徑

透過宗教信仰，
祈求活在上帝心中。
信我者得永生，
成為令人感動的號召。
心誠則靈，
我們不便加以否定。

中國人走道德途徑

伏羲氏使我們以人為本，
一切依靠自己。
透過立德、立功、立言，
祈求活在他人心中，
透過此一途徑獲得永生，
能否如此由自己去求證。

殊途同歸，彼此尊重

五、深信積善之家必有餘慶

坤卦〈文言傳〉說：「積善之家，必有餘慶；積不善之家，必有餘殃。臣弒其君，子弒其父，非一朝一夕之故，其所由來者漸矣，由辯之不早辯也。」凡是積累善行的人家，必然獲得充裕的喜慶；那些積累惡行的人家，無不遺留下很大的禍害。這句話已經流傳很久，大家幾乎都耳熟能詳，或許是太熟悉的緣故，反而讓人忽略其中的道理。因為變成口頭禪之後，很容易讓人不求甚解，以致不深究其所以然。我們從歷史上那些臣殺君、子弒父的案件，就能夠發現這種以下犯上的不正常狀況，都不是一朝一夕所造成的，而是因循漸進地發展到窮極，才會由正而反、由順轉逆的。其主要原因，在於不能及早發現並加以防患、改正，以致最終釀成大禍。

防微杜漸是道德修養的要領。中華文化以夫妻有別、父慈子孝、兄友弟恭、鄰里有義、家齊國治為主軸，我們不以個人為單位，而是把家庭當做人群社會的最小單位，講求互相關心並彼此互助。將家齊和國治連在一起，便是齊家時要以治國為遠大的目標，不讓自己的家人有危害國家的言行；而治國時，應該以齊家為因，視治國為果。倘若每一個家庭，都能夠做到家人和睦相處而生活美滿、教育子女有方而善盡各種社會責任，如此一來，社會秩序安定而經濟充裕、人民講信修睦而行為端正、大家知禮達義而重視文化，即使有少數人不走正道，想必也很容易受到眾人的導正。那麼，家家戶戶都是「積善之家必有餘慶」，同人、大有的美好景象，自然能循序漸進地獲得良好開展。

積善之家，必有餘慶

無法經由科學證明，信不信完全由自己決定

有如紅綠燈的功能，紅燈暫停、綠燈通行

目的在促使交通安全、人車順暢通行

誠則靈

不信則不靈

個人自作自受，自行決定要不要相信

六、宗教並非迷信是人自迷

因果關係原本是自然的一種規律，稍有物理知識的人，無不明白「熱脹冷縮」的必然道理。〈繫辭上傳〉說：「夫乾，其靜也專，其動也直，是以大生焉。夫坤，其靜也翕，其動也闢，是以廣生焉。」乾的性質陽剛，靜止時呈現專一的狀態，動起來也是剛直的樣子，所以能大生萬物；坤的性質陰柔，靜止時呈現收斂的樣子，運動時就開展了，所以能廣生萬物。乾大坤廣，也是一種因果關係。

但是，由於宗教講了很多因果，反而使因果蒙上了迷信的色彩。如此說來，難道宗教屬於迷信嗎？答案並非如此。宗教乃以勸人為善為宗旨，用意在指引迷津，使人明白道德的重要性與必要性，並極力促使大家實踐道德，以加強品德修養，怎麼可能是迷信呢？只要長期觀察並細心研判，很容易就會發現宗教並非迷信，而是信宗教的人太迷了，才會變成迷信。我們曾訪問一位專門研究比較宗教長達四十多年的教授，請教他對宗教的看法，他毫不猶豫地回答：「信到差不多就好，再信下去，便是迷信了。」

宗教並不迷人，而是信的人自迷。使自己掉入迷信的陷阱，看來也是一種自作自受。對中華民族來說，儒家就是儒家，不是儒教，因為它根本不是宗教；而道家便是道家，把道家看成道教，相信老子也不會同意的。至於釋家，我們所重視的是佛法，信不信佛教？我們尊重個人的選擇。自古以來，中華民族始終沒有出現國教，也就是從來不強制規定人民要信奉哪一種宗教。實際上，這才是真正的宗教自由。

宗教並非迷信

而是一隻指向道德的手，方向正確，目標也很明顯

信到差不多就好

宗教之間，
原本沒有太大隔閡。
可惜信徒之間，
產生嚴重排他性。
倘若信到差不多，
沒有分別心，
豈不是更能和諧相處？

再信下去就陷入迷信

信徒為了表示忠誠，
往往熱心過度，
形成狂熱的宗教分子，
引起很多紛爭，
造成宗教的負面功能，
也使宗教成為迷信，
實在得不償失！

宗教自由，更需要和平共處

我們的建議

1 既然我們自古以來，並沒有出現全國統一信奉的宗教，因此在中華民族的社會中，最好把宗教視為個人的私事，除非是神職人員，否則盡量不在公開場合表明自己的宗教信仰，也不要到處勸導他人信仰某宗教，以示尊重。

2 最好不要把信仰和宗教混為一談，也不要一提起信仰便想到宗教，好像有信仰就非有宗教不可，這樣反而容易誤導他人，甚至妨礙原有的道德信仰，相當於把注意力轉移到指引道德的那一隻手，以致模糊了道德應有的焦點。

3 宗教有正就有邪，正教當然很好，邪教卻十分可怕。不幸的是，只要宗教自由就難免邪教林立。正教必須有守有為，堅持正道，邪教卻能夠毫無顧忌地為所欲為，豈不是危害社會？

4 互相尊重、彼此包容，大家都信到差不多就好，只要不迷信，便不致造成嚴重的排他性。各人信仰各自的宗教，在公開場合不宣揚自己所信奉的宗教，也不批評他人所信奉的宗教。

5 因果是科學，並非迷信；不能因為因果時常為宗教所應用，便視之為迷信。我們要相信因果，卻不能陷入迷信，這是自己應有的修養，不能自誤誤人，甚至混淆大眾的認知。

6 公眾人物請顧念中華民族的特性，儘量不要在公共場所，使用與宗教密切相關的用語。我們也力求不要模仿他們無意間流露出來的宗教情懷。彼此互相尊重，以求同存異為共同努力的方向。

結語

近百年來，我們做學問時，大多不自覺地使用西方的觀點，並採取西方的標準來看待我們自己的事物。凡是西方有的，不論我們的真實狀況如何，也要硬套、硬塞，說得好像真的一樣。而舉出的例證，不是拿西方人的話來說明，就是用西方的案例來類推，大家見怪不怪，也就習以為常。特別是學術界，更免不了引用西方的思維和研究方法。最有利的，便是利用外文來發表己見，無論如何，總是顯得高人一等。

實際上，中華民族的思路自古以來便獨樹一格，迄今很難改變。我們依據「一陰一陽之謂道」的法則，以道德為看不見的「陰」，透過看得見的藝術來表現即為「陽」。我們有信仰、有法律，當然也有科學，而這全都包含在道德與藝術之中。

科學有道德的指引，就不致妨害宇宙人生；倘若表現得十分藝術，也不會違反人性。宗教以道德為依歸，透過藝術的形式，當然充滿了人情味。不但不會相互攻擊，而且殊途同歸，可以滿足不同的需要，彼此和諧相處。然而法律的可怕，即在造成「只要合法，有什麼不可以？」的錯覺，實際上和「只要我喜歡，有什麼不可以？」同樣具有極大的危害性。合法而不妥當，總會良心不安；倘若認為合法便能心安，那就不免無恥了，後果一樣十分可怕。道德可以補法律的不足，而法律只不過是道德修養的基礎工程，並不足以表示守法即為合理。

西方文化以宗教、科學、法律為主軸，而中華文化所重視的道德和藝術，正好是西方文化應該提升的更高層次。可惜長久以來，炎黃子孫忙於學習西方，卻丟了自家寶貝，令人不勝唏噓！

人類需要科學，但不能盲目地發展，凡是有害於宇宙人生的科技，都必須知所節制。合乎道德的規範，科技才能有利而無害。所幸近年來科學家大多有所悔悟，真是好事一樁！

很多人需要宗教，所以無法禁止宗教，事實上也不應該如此。因為一旦禁止，宗教便會流入地下，其活力將更加強大。但也不能完全不加理會，以免邪教林立，而正教卻束手無策。

每一個人都要具有法律觀念，以守法為立身的基礎。然而死守法律，卻不知變通，常常誤己害人。只知守法而不知提升道德修養，更是令人心生恐懼的法律人。如果以法律來淹沒人情，豈不是面目可憎而言語乏味？

文化是不能整合的，也不應該加以整合，因為全人類倘若整合成一種文化，那麼人類就會瀕臨滅絕。還是那句話：「如果沒有矛盾，便不可能起變化，也就不能生生不息。」中西文化，只能靠截長補短來求同存異。用道德來指引宗教、科學和法律，使其更加藝術而符合人性的需求，應該是一條可行的途徑。實際上，人類也正朝向此一目標持續前進。

人生在世，一方面要遵守自然規律，一方面要提升自己的道德修養。遵守自然規律，可使人生充滿藝術性，不致單調乏味到變成機器人；提升品德修養，則使人們在宗教、法律之上有了更高的信仰。《易經》的思路，應該是二十一世紀地球村的主軸，這是復興中華文化的偉大契機所在，也是地球恢復生機、人類和平發展的有效途徑。易理的發揚，有賴大家共同努力，不能自己侷限於易的小用，卻忘記了易的大用。這是中華民族的最大責任，我們真的是責無旁貸！

《附錄》

現代管理使人喪失人格

一、人在分工的組織型態中只剩下位格

現代管理，隨著各行各業的分化，為求增加生產效率，愈來愈趨向分工的組織型態。任何人只要具備同樣的專長與能力，隨時都可以互相頂替、汰換，甚至於被機器人或電腦所取代。人員的存在價值，由其所表現的績效來呈現。可怕的是，這種績效的評估，非但不能由人員自身來控制，還會隨著時期的變遷、市場的變化、組織的目標定位，說變就變。對組織而言，人員幾乎成為弱勢族群，缺乏自主性也喪失了安全性。

當人員接到組織命令，必須離開原來的工作崗位時，心中即明白，自己是組織中的「呆人」（冗員）。諷刺的是，當初進入組織時，曾經被熱烈歡迎，讚譽為「生力軍」，是組織未來的希望。再怎麼說，起碼也是新進同仁，總歸不是「呆人」。那時候，如果斗膽請問人力資源管理部門的主管：「我算不算呆人？」答案肯定是：「怎麼可能！倘若是呆人，組織怎麼會錄用，又怎麼會敞開大門歡迎呢？」

原本不是「呆人」，待在組織中一段時期，竟然變呆了，還呆到非離開不可的程度！這究竟是誰的責任？難道可以完全推給當事人，組織卻不需要負絲毫責任嗎？可是，適任與否的解釋權，永遠掌握在組織手中，並不是當事人所能申訴、抗拒與平反的。大家口口聲聲都說「平等」，既然宣稱「人人平等」，至少應該「在法律之前是平等的」；然而，實際上卻是站在組織那一邊的人說了算，而被辭退或資遣的人，永遠是被人家說了算，這是什麼道理呢？

根本原因即在於，現代管理使人員喪失了人格，只剩下既可貴又可憐的位格。現代人之所以一見面就遞上自己的名片，主要的功能便是告訴對方，自己具有什麼樣的位格？坐名牌汽車、穿名牌服裝、吃時尚食物、進入名流會所，無非都在彰顯自己的位格。人並不重要，具有什麼樣的位格，才是重要。現代化的重大標誌，固然有許多項，然而「人格被淹沒、位格顯神通」，應該是其中相當重要的特色之一。

當我們把人事單位，改稱為人力資源管理時，不知不覺中，已經把「人」視同一種「資源」，並且在「腦」和「力」之間，重「力」輕「腦」。「資源」的意思，是指可以利用的東西；而「人力資源」，便是指可以利用的人力。於是乎，大家急急忙忙創造自己可以被利用的價值，來爭取聊以自我安慰的位格，便蔚為風氣。就算「利用」二字在人們的腦海裡，多少還存有「藉別人圖謀私利」的影子，大家也愈來愈不避諱，公然在「利用別人」和「被別人利用」之間，極力尋求自己的平衡點，而把原本十分重視的人格置諸腦後。和道德一樣，人格既無從衡量，在現代社會中也不值錢，還管它做什麼？殊不知這種作風，逐漸蔓延到家庭、學校，似乎所有正式或非正式的組織，都受到十分嚴重的影響。大家把位格看得比人格更重要，至於利用得合不合理，也就是合不合乎義理，也就乏人問津。好像一下子從不明言利的氛圍中撥開雲霧，進入到公然以利為先為重的現代社會了。

二、學校企業化導致師生商品化

我們主張：「企業必須教育化，教育一定不能企業化。」倘若有人提出「這和《易經》有什麼關係？」的質疑，我們會平心靜氣地反問：「如果這個世界上，還有什麼事物和《易經》扯不上關係，那麼，世人何以敢說它其大無外、其小無內、無所不包呢？」假如還要更進一步要求在《易經》的經文中，提出相關的文字，來證明確實與《易經》有關，那麼，我們就會以：「縱然《易經》的經文當中，並未出現陰陽兩字，但是又有誰會否認，《易經》所說的，就是陰陽的變化呢？」來回應。因為《易傳》中的「一陰一陽之謂道」，早就已經成為《易經》思想的不易法門。

教育為什麼不能企業化？主要原因在於蒙卦、師卦、賁(ㄅㄧˋ)卦和晉卦的啟示。蒙卦提出「物生必蒙」，必須透過學習、再學習的原則；而啟蒙的目的，應該是促使人們認識自然、理解自然、效法自然，進而善用自然。師卦告訴我們，戰爭是在不得不的情況下，基於撥亂反正、為民造福的需要，才得以興師動眾的。我們更需要的，是各行各業的老師來傳道、授業、解惑，不但不誤人子弟，而且還要用心導正每個人，以期共同走上正道。賁(ㄅㄧˋ)卦的卦象是下離上艮(ㄍㄣˋ)，象徵「文明以止」，告訴我們語言文字本身就具有偏限性，必須重視其邏輯性，才能進行有效溝通。而晉卦坤下離上，為「明出地上」，象徵「君子以自昭明德」，告訴我們教育的功效，必須化民成俗，使明德遍照大地。然而，企業的意義在於追求合理的利潤，這一點和以上有關教育的提示，顯然相去甚遠。

倘若「教育企業化」，勢必造成「師生商品化」的禍害。名師將成為各校爭相邀聘的對象，並被拿來做為招生的誘餌，以致「名師」和「明師」之間，逐漸拉開距離。明師難求，而名師卻過度炒作，禁不起時間的考驗，很快就會出紕漏而敗下陣來。名氣大到可以無所不亂出意見的名師，那就更加可怕！往往一兩個不當的措施，雖然是出於無心，卻也造成十分嚴重的惡果。大家心知肚明，都把這筆賬算在他頭上。

教育企業化最大的破壞力，出現在師生關係被扭曲。把學生當顧客且教材市場化的結果，造成學校有如百貨公司，而教師不過是眾多專櫃中的銷售人員。這種基於顧客至上，而又採取市場導向的做法，不難想像教育企業化所造成的種種亂象。

尤以甚者，便是校長、教師爭相討好學生。由於背後有家長的資財做為支撐，學生變得愈來愈強勢。再者，教師倘若以收入做為績效的衡量標準，豈非師道蕩然無存？而學生不像學生，也終將誤了自己！

現代經濟掛帥，一切都向金錢看，以收入的多寡，來評定各人的社會地「位」。學生認為「交了錢，老師能把我怎麼樣？」而教師也極力找機會賺外快，各方爭取補助，來增強學生選擇名師的吸引力。蒙卦所說：「童蒙求我，非我求童蒙。」被解讀為「迎合學生的需要，教師不能主導。」從兒童本位發展到學生本位，加上大多數教材都從外國輸入，上課自然也盡量拿西方的故事來舉例，反正大家都不很清楚，比較容易過關。若是提起自家人的老故事，每每見仁見智，彼此的落差又很大，何苦自找麻煩呢？不如用「林肯」代替「孫中山」，師生都比較輕鬆，也更加容易溝通，反正說的都不是自家事，差不多就可以了。沒人在乎這樣的教育方式，會教出什麼樣的學生？

三、家庭中做家事給錢也是嚴重後遺症

一些有名氣的人公開在電視上說，自己的子女做多少家事便給多少錢。他們沾沾自喜的，以為這是一種良好的激勵方式，殊不知，家人卦的彖辭明白指出：「家人，女正位乎內，男正位乎外，男女正，天地之大義也。」家事應該怎樣分配、採取什麼方式？最好由母親來決定。大男人說三道四，倘若涉及這些事宜，恐怕難以正家。奉勸這些名人，賺一些分內錢，不必在這些地方表達意見，對社會減少一些負面影響，於公於私應該都有所利。

學校教育亂了套，教不出可用之才已經夠糟糕，而家庭教育又遭到嚴重的污染，真是讓人痛心。雖然，家不像家有時還可以用無奈來充當藉口，但是，父不父、子不子，那就是「家庭企業化」所造成的慘劇。

父父子子，說的是一種責任。父親應該克盡父親的責任，子女也必須善盡子女的責任。《易經》啟示我們：家人在一起，並沒有什麼權利、義務可言。彼此的維繫，除了親情之外，就只有責任。有親情而不盡責任，容易造成「婦子嘻嘻」的下場——一家人彼此當朋友，嘻嘻哈哈的，治家不嚴謹，終吝；然而，只盡責任卻缺乏親情，則有「家人嗃嗃」的疑慮——治家太過嚴格，有悔有厲，但最終還是吉。現代人常玩一種「父母爭相討好子女」的遊戲，有時甚至連祖父母都奮勇加入。把家庭當做遊樂園，子女長大了，請問老師要怎麼教導？索性也演一齣「老師爭相討好學生」的連續劇，至於後果如何？就讓全體人群社會共同承擔吧！

每一對父母都有責任把自己的子女教好，使子女明白好好做人、好好做事的道理。家庭教育的基本原則，就是「善有善報，惡有惡報」。可惜一般人聽到這種論點，大多視為神祕的因果報應，殊不知這才是科學的自然規律。易理所說的「積善之家，必有餘慶；積不善之家，必有餘殃」，難道不是真的？家庭是子女最初接觸的生活環境，父母對子女的影響既深且廣，倘若在子女面前，表現出不屑的神情，請問子女長大之後，會對因果律有什麼看法？

我們常說「三歲看大，六歲看老」，不要忘記家教對孩童的影響，會左右子女的一生。父母不應該把教育的責任全推給學校，就像教師很喜歡把教育的責任推給社會一樣，說什麼學校教育的成果，全被社會教育給摧殘了，這無非是卸責之辭。

從小讀《易經》、明易理，奠定學校教育的基礎，原本是父母的責任。可是現代父母卻以忙於維持家計、不懂得教育、信任學校為藉口，推得一乾二淨。學校教師趕時髦，重知識而輕易理，結果呢？中華兒女的文化基因當中，有易理的這一部分，就會伺機自行發酵。為什麼社會教育的力量會如此強大？原因就在於「人人心中有一把尺」，在伺機發生作用。由於缺乏正確的指引，產生很多扭曲和錯亂，以致備受指責。

現代家庭固然有一定的難處，但是治家的根本，實際上就是一家人要同心協力。我們常說的「齊家」，齊的是什麼？是一家人的心。心都不能齊，怎麼算是一家人呢？然而，心又要用什麼來齊呢？用宗教還是法律嗎？好像都有很多困難。思前想後，只有以道德來齊，能共同遵循天道而合乎易理，自然可以長久齊心。因為一切的一切都會變，唯有對道德的要求，應該是恆久不變的。所以，以道德為家人共同的信仰，既安全又不必擔心會落伍。

四、學習易理以敦厚品德修養為最重要

我們需要工業，然而工業化所造成的惡果，迄今仍然十分嚴重；我們需要商業以互通有無，但是商業化的禍害，還在愈演愈烈；我們需要企業管理，但是對於人格備受摧殘的現象，實在是既不甘心也不忍心。其間的差別，就在於是否重視道德。只要將道德納入工業的考慮範圍，我們便能夠享受工業的利益，而減少工業化的弊端；只要把道德納入商業的領域，我們就能立即享有商業的福利，而將商業化的禍害降到最低。現代化的管理，倘若能以道德修養為基礎，就不至於會傷害人格，而只剩下可憐又可笑的位格。

什麼是人格？簡言之，便是人的品德和風格。如晉卦大象辭所說：「君子以自昭明德」，就是一種人格的展現。而賁（ㄅㄧˋ）卦彖辭說：「觀乎人文，以化成天下」，除了用人文教化來化成天下，其餘的，都不該用來做為「化」的內涵。中華民族進入農耕生活之初，並沒有提出「農業化」的主張，而是近四百年來，世界由西方主導之下，陸續提出「工業化」和「商業化」的呼喊，這才造成今日世界的諸多苦難。工業化破壞了自然環境，商業化更加變本加厲，如不能及早導正，勢必侵蝕所有人類辛苦建立的文化。到時候再想挽回，恐怕已悔之莫及了！

人格是道德的基礎，也是人之所以為人的基本格局。《易經》提醒我們，有心進取的君子，首先必須戰勝自我，所以要朝乾夕惕、自強不息，務求紮穩根基。而戰勝自我，便是我們常說的克己，要能克服自己的弱點，以便超越自己。其中，戰勝自我是陽，屬於積極性的修養；而超越自我為陰，是消極性的成就。唯有陰陽共濟，兩方面兼顧並重，才能培養健全的人格。

人格的表現，實際上就是彼此尊重、互相關懷。尊重的意思，在於把每個人都當做「人」看。父母尊重子女做為一個「人」的價值，對正在成長中的童蒙，必須善盡教養的責任；老師尊重學生做為一個「人」的價值，明白學習過程中都難免犯過，必須接受並設法加以補救；老闆尊重員工做為一個「人」的價值，不能因為擁有處罰開革的權力，便任意傷害員工尊嚴；社會尊重每個成員做為一個「人」的價值，必須兼容並蓄、求同存異，以期和諧共存、互助互惠。上述表現，儒家用簡單的「安人」兩字便能予以涵蓋。「修己安人」才是真正的管理，這道理卻由於歷史太久遠，加上西方管理說不出這樣的觀點，竟遭到世人冷凍而不加以理會。現代管理把員工當做「平均人」看待，要求員工必須合乎組織要求的規格，否則便是不稱職，便要在員工的「位」格上給予相當的調整。

但是，人和萬物一樣，都是大自然孕育而成的。人生下來便有個別的差異，這就在提醒我們，要做一個和別人不太一樣的人。儒家倡導「慎獨」，用意即在引導每一個人都應該慎重地做自己，以成為一個無可取代的、獨特的人。

在「平均人」與「獨特人」之間，尋求一個平衡點，便是對「人」應有的關懷。倘若真正尊重「人」，那麼，看重做為一個「人」的「人格」，這一點基本的關懷是不可或缺的。現代管理在這方面十分脆弱，這也就是員工不得不捨棄「人格」而偏重「位格」的根本原因。特別是中華兒女，明明有一個中國名字，卻無端又無奈地改了一個英文名字，由具有家族光輝、含有特殊意義的「人」名，忽然變成不具「人」格、只有「位」格的代號。人人胸前一個名牌，寫著自己毫無生機的代號，既不尊重，更缺乏關懷。這一切流弊，都是來自不重視品德修養，只要求人適其「位」、做出應有貢獻所造成的結果。

五、結語與建議

《易經》所冀望於人類的，即為高尚的人格，也就是具有良好的道德修養。「積善之家，必有餘慶；積不善之家，必有餘殃。」應該像交通規則所訂定的「綠燈行，紅燈停」一樣，不容忽視也不能有異議，更不容許擅自變更。交通安全，有賴於全體人民共同遵守交通規則，把規定當做是共有的信仰。而人群社會的和諧發展，也有賴於把這種道德因果律當成最高的信仰，就算要公開承認，也不會有所畏縮。

「因果關係」原本是自然現象，只是「因果」兩字在宗教界出現的次數多了，就逐漸被大家當成迷信了。其實，「物極必反」、「熱漲冷縮」、「亢龍有悔」、「履霜堅冰至」，以及「龍戰于野，其血玄黃」……這些無非都是因果關係。

自然的因果關係，是變動的、有彈性的。我們明白易理的主要訴求，在於「生生不息」。然而生生不息的後果，至少有「人滿為患，使地球不堪負荷」，以及「人多好辦事，困難順利化解」這兩種，端視我們如何選擇，來決定人類的共同命運。所以，《易經》在「生生不息」的訴求中，提出「以德為本」的基礎。但是，人類如何才能「贊天地之化育」？平心而論，唯有依靠道德的力量才能做到。由於「人」與「天」、「地」並立為「三才」，構成共同的有機體，所以人類的言行，會以神妙莫測的方式來影響宇宙。〈說卦傳〉說：「昔者聖人之作易也，將以順性命之理。是以立天之道，曰陰與陽；立地之道，曰柔與剛；立人之道，曰仁與義。」其中「仁與義」便是道德的總稱，原本就屬於自然規律的一部分。人有權利決定自己要履行或是違反自然規律，然而，選擇仁義便是善行，違反仁義即為惡行。因為我們擁有選擇的自主能力，所以才有自作自受的結果，一切不能怨天，也不必尤人。

我們建議現代管理者，最好能培養這樣的習慣：

1. 堅持「以人為本」的信念：人是運用各種資源的主體，並非被人運用的一種資源。把人當做資源看待，實在非常不妥。唯有以人為本，才能夠尊重、關懷同仁，並重視修己安人的道理，使管理走上充滿人性且合理的道路，也就是實施「中道的管理」。

2. 確立「德本才末」的覓才策略：選才、聘才時，務須以「德本才末」為堅定的準則。先檢視道德修養是否合乎既定標準，再考慮其才能。若是品德修養不合乎要求，即使才能再高，也必須忍痛割愛。倘若有人要他，終成大害，我們也管不了；然而，我們不要他，實在是為他好，他若能善加反省、修養品德，假以時日，必成大才。

3. 把「安人」當做管理的最終目標：凡事站在安員工、安顧客、安股東、安社會大眾的立場來考慮，自然而然，企業的社會責任，乃至於人群和諧、社會安寧、人道受尊崇的問題，一定都能朝善的方向循序進展。於是，「位格」不過是基於分工專職的需要，而「人格」則成為人群社會互助、分享、共存、共榮的堅實基礎。人人皆以修養為本，都以安人為己任，如此充滿人性的管理，必定廣受世人歡迎。

一日
易經
道德經
班
6 小時 師父領進門教你
如何讀懂《易經》／《道德經》
向古聖先賢請益，
學會知機應變、與時俱進；
物我兩忘、生死合一的上乘智慧！
每月均有
新班開課
曾仕強文化
電話：02-23611379
02-23120050
傳真：02-23752763

影響華人世界
最重要的推手
曾仕強教授
解讀
易經的奧祕
書籍洽詢專線
02-23611379、02-23120050
曾仕強文化
台灣國寶級大師曾仕強教授以
獨步全球的易學解析觀點，幫
助讀者輕鬆掌握《易經》簡易、
變易、不易的原則，積極管理
變化萬千的人生。

編輯精選推薦

台灣國寶級大師曾仕強教授

傳世好書！

《易經的奧祕》

一本易想天開的絕妙經典

有些書能幫助人們開啟智慧，
這一生至少要讀一次。
讀完後，你就能明白──
為什麼孔子說：「朝聞道夕死可矣！」
為什麼經典就是經典，無可動搖！

曾仕強著

《道德經的奧祕》

曾仕強解析老子自然無為的人生哲學

老子是中國最特別的思想家，
能傳授給我們當代最受用的人生哲學。
只要懂得「反者道之動、弱者道之用」的宇宙法則，
每個人都能把自己生命的插頭，
和天地間生生不息的能量源頭相互連結。

曾仕強著

書籍洽詢專線
02-23611379　02-23120050　曾仕強文化

精選課程系列

「曾仕強文化」獨
設計開創的經典課

《易經》其大無外，其小無內；廣大精微，無所不包，64卦384爻4096種變化，是解開宇宙人生的終極密碼。能打造出一個內建《易經》智慧的大腦，等於是和宇宙能量接軌，取之不盡，用之不竭，絕對是您今生最睿智的投資。

古人有言：富不學，富不長；窮不學，窮不盡。人不能不學習，既然要學，就要學最上乘的智慧，才不會浪費時間。曾仕強文化擁有最優秀的黃金師資陣容，課程深入淺出，一點就通。誠摯邀請您即刻啟動學習，一同進入「易想天開」的人生新境界！

決策易

《易經》一卦六爻，代表事情發展、變化的六個階段，可做為決策時的良好參考。不讀《易經》，難以培養抉擇力，這部千古奇書可謂「中國式決策學」的帝王經典。

生活易

《易經》帶給我們的不只是理論，更是一種思考方式的訓練。「生活易」教你如何輕鬆汲取易理智慧，開發多元思考方式，發揮創意解決問題，讓生活過得更簡易更有樂趣。

奇門易

奇門易在於瞭解事情的癥結點，進而佈局調理、擇時辨方。占卜及《易經》，能提供決策時的最佳參考指南；而「奇門易」，能告訴你做這個決策最有利的時機及方位，具有相輔相成的效果。

乾坤易

《易經・繫辭傳》說：「乾知大始，坤作成物。」告訴我們：「乾」代表開創的功能。腦袋裡有想法，對事情有看法，這是一件事情的開始；「坤」代表執行的功能。經過實踐的過程，把一件事情落實，而且看到了具體的結果。

中國式管理之父．台灣國寶級大師
兩岸三地狂銷500萬本《易經的奧祕》作者
曾仕強文化
粉絲專頁
facebook 搜尋 曾仕強文化
facebook
請以手機掃描上方QR CODE
可連結至學友專屬LINE帳號
既濟，亨，小者亨也。
剛中而應，故聚也。
六爻相雜，唯其時物也。
幾者，動之微，吉之先見者也。
上下无常，剛柔相易，不可為典要，唯變所適。
山下有澤，損，君子以懲忿窒欲。
曾仕強文化公司
．易經學習日記專欄．
請上FB曾仕強文化粉絲專頁，一同交流分享易經學習心得。